Norma Zvolsky

RETRIEVER-SCHULE FÜR WELPEN

KOSMOS

Der Weg zum eigenen Hund

Grundlagen der Welpenerziehung

Die 8. bis 12. Lebenswoche (Sozialisierungsphase)

Die 13. bis 16. Lebenswoche (Rangordnungsphase)

Die 17. bis 24. Lebenswoche (Rudelordnungsphase)

Service

*„Von einem Hund zu verlangen,
er müsse lernen, wie ein Mensch
in unserer Gesellschaft zu leben,
hieße seine Natur zu missachten.
Um ihm gerecht zu werden,
müssen vielmehr wir lernen,
mit ihm wie ein Wolf im Rudel zu leben:
Dabei werden seine Grenzen
erst durch unsere Einsicht in sein Wesen erweitert."*

(DR. E. ZIMEN)

Zu diesem Buch

Jeder Welpe ist eine Persönlichkeit mit allen seinen individuellen Fähigkeiten und Schwächen. Was aus diesem ganz einmaligen Lebewesen wird, hängt einzig und alleine von seinem Menschen ab. Ebenso individuell wie die Persönlichkeit des Hundes, muss auch seine Erziehung sein. Jeder Hund ist eine Herausforderung – auch für schon erfahrene Hundehalter!
Die erfolgreiche Ausbildung des Hundes hängt in großem Maß von einem guten und ausgeglichen Mensch-Hund-Verhältnis ab. Sicherlich muss der Hundehalter immer den führenden Part in der Beziehung Mensch/Hund haben, er muss für den Hund eine Führungspersönlichkeit sein, die ihm Sicherheit gibt. Autorität sollte nicht mit falsch verstandenem Druck oder gar ungerechtfertigtem Zwang gleichgesetzt werden.
Von einem wohlerzogenen Hund wird immer und überall dasselbe verlangt, egal ob er nun als Jagdhund, als Sporthund oder als Familienhund gehalten wird. Folgsam muss jeder Hund sein. Ebenso muss man bedenken, dass auch ein Hund, der im jagdlichen oder sportlichen Einsatz steht, zu mehr als 80 % seines Lebens ausschließlich ein Familienhund ist. Er sollte es zumindest sein! Ich halte nichts von Leuten, die ihren Hund auf ein seelenloses Arbeitsgerät reduzieren und ihn außer zur Jagd- oder Prüfungszeit im Zwinger ein freudloses Dasein fristen lassen. Das Argument, dass Zwingerhunde leistungsfähiger sind, halte ich für eine längst überholte Überlieferung aus alten Zeiten. Hunde sind unbestritten Rudeltiere und suchen deshalb den Anschluss an ihr Rudel – an ihre Familie.

Norma Zvolsky mit Welpen aus ihrem A-Wuf „Duckflight".

Retriever – Jagdhunde mit Passion

Mit diesem Buch möchte ich alle Hundehalter ansprechen, die einen Retrieverwelpen in ihren Haushalt aufnehmen möchten. Vieles, was auf den ersten Blick nur ein Jagdhund lernen muss, ist auch geeignet, einen Familienhund argerecht zu beschäftigen. Jeder Hundehalter sollte sich vergegenwärtigen, dass alle unsere Hunde geborene Jäger sind. Besonders die Nichtjäger sollten deshalb überlegen, wie sie der Jagdleidenschaft ihres Retrievers Rechnung tragen können.
Denn alles, was man bei einem Hund fördern kann, kann man auch kontrollieren oder besser gesagt, in von uns gesetzte und überschaubare Bahnen lenken. Dem Wohlbefinden jedes Hundes kommt es zudem entgegen, wenn er seinen Jagdtrieb befriedigen kann. Deshalb sollte auch jeder Nichtjäger bei der Ausbildung seines Retrievers versuchen, die Jagdleidenschaft mit jagdähnlicher Ersatzbeschäftigung zu befriedigen. Denn nur ein erfülltes Hundeleben ist auch ein artgerechtes Leben.

Hundeerziehung ohne Zeitdruck

Wichtig bei der Hundeausbildung ist, das man sich selbst oder von Dritten nicht unter Erfolgsdruck setzen lässt. Insbesondere nicht von anderen Retrieverhaltern, die es immer besser wissen und von Erziehungsbüchern, in denen ein vorgeschriebener Zeitrahmen festgeschrieben wurde. Das gilt auch für die vorliegenden Ausführungen. Das, was ich in diesem Buch einem bestimmten Alter zugeordnet habe, muss nicht zwingend auch für Ihren Hund gelten. Deshalb sollten Sie die folgenden Seiten nur als Orientierung aber keinesfalls als Maß- und Zeiteinheit nehmen. Wichtig bei der Hundeausbildung ist, dass man sich kontinuierlich mit seinem Hund beschäftigt und sensibel selbst entscheidet, wann man einen Ausbildungsschritt weitergehen kann. Das gesamte Universum ist ständigen Veränderungen und Verbesserungen unterworfen, so auch der Mensch – er lernt und entwickelt sich fortwährend weiter. Deshalb kann ein aufgezeigter Weg auch nicht die einzige allgemeingültige Vorgehensweise sein. Der von mir hier beschriebene Weg ist mein derzeitiger, den ich auf Grund der in der Vergangenheit gemachten Erfahrungen gefunden habe. Der Weg kann jedoch, da Hundeausbildung nicht statisch ist, morgen für mich aber auch für Sie und Ihren Hund etwas anders aussehen.

Zum Geleit

Züchtergedanken

Wenn uns ein Abschnitt in der Entwicklung der von uns verkauften Welpen besonders am Herzen liegen muss, dann ist es die Zeit von der Welpenabgabe bis zum Junghundealter. Gerade in dieser Zeit werden die Grundsteine für das spätere Hundeleben gelegt und die wesentlichen Strukturen des neuen Mensch-Hund-Rudels geschaffen und gefestigt. Gleichzeitig ist die Gefahr groß, dass in dieser Entwicklungsphase Fehler „eingearbeitet" werden, die sich auf die folgenden Jahre negativ auswirken.
In dieser besonderen Zeit ist möglichst professionelle Unterstützung durch sehr erfahrene Züchter, Ausbilder und Trainer gefragt, die bereit sind, ihre eigenen Erfahrungen – auch in schriftlicher Form – weiterzugeben. Hier werden Wege aufgezeigt, die aus einem Welpen später einmal einen guten Familienhund, Sporthund oder Jagdhund werden lassen.

Ulrike und Uwe Görlas mit ihren Golden Retrievern.

Unsere Kinder kommen mit dem Erreichen eines bestimmten Lebensalters in den Kindergarten und die Schule, was verhaltensbiologisch sinnvoll ist, da sie in diesem konkreten Alter auch in eine Phase erhöhter Lernbereitschaft eingetreten sind. Diese erhöhte Lernbereitschaft ist auch bei unseren Welpen gegeben; wer diese Zeit nicht mit vernünftigen, spielerischen, aber auch konsequenten Lehr- und Lernstunden ausfüllt, versündigt sich am heranwachsenden Hund. Immerhin müssen Wildcaniden bis zu ihrer Geschlechtsreife bzw. in ihrem ersten Lebensjahr alles Notwendige lernen, um überleben zu können. Diese Zeit ist sehr knapp und kann nicht (nur) mit reinem Spiel ausgefüllt werden. Bei unseren Haushunden ist in dieser Zeit der menschliche Rudelführer als Lehrer und Erzieher gefragt.

Es gibt viele allgemeine und auch Retriever bezogene Hundeausbildungsplätze, die wöchentliche Welpen- und Junghundegruppen anbieten, manche Züchter bilden selbst mit ihren Welpenkäufern zusammen Trainingsgruppen und können theoretische und praktische Unterstützung geben. Aber wir müssen uns darüber im Klaren sein, dass die „frischgebackenen" Hundehalter die meiste Zeit mit ihren Welpen alleine verbringen. Bislang war es schwierig, den Welpenkäufern etwas Schriftliches in die Hand zu geben, das ihnen im Alltag mit dem Welpen eine vernünftige Hilfestellung gibt. Vorhandene deutschsprachige Literatur konnte dies nur auszugsweise leisten.

Normas Welpenbuch schließt diese Lücke, und zwar – wie wir meinen – auf eine sehr einprägsame Weise, unterstützt von einer Fülle hervorragender Fotos und Fotoserien, die das, was der Text beschreibt, „auf den Punkt bringen". Der Leser findet hier viele konkrete Hilfen und Übungsansätze, die so wichtige Welpenzeit sinnvoll auszufüllen und auf spielerischem Weg die Basis für eine absichernde und präzisierende Ausbildung im Junghundealter zu schaffen. Wie bereits mit ihrem ersten Buch „Die Kosmos-Retrieverschule", hat sie erneut einen Maßstab gesetzt, an dem sich andere Bücher messen lassen müssen. Schon beim Lesen der ersten Entwurfsfassung wussten wir, dass dieses Buch nicht nur unbedingt in unseren eigenen Bücherschrank gehört, sondern dass wir es auch jedem unserer zukünftigen Welpenkäufer mit an die Hand geben werden.

ULRIKE UND UWE GÖRLAS
„BACK TO THE ROOTS" – GOLDEN RETRIEVER

Ausbildergedanken

Mit ihrer „Retrieverschule für Welpen“ ist von Norma Zvolsky das zweite Buch für Retrieverbesitzer auf dem Markt erschienen. Es ist deutlich herauszulesen, dass hier ein Werk entstanden ist, welches von einer Praktikerin geschrieben wurde, die selbst schon einige Welpen sehr erfolgreich aufgezogen und zu sehr führigen und leistungsstarken Arbeitshunden geformt hat. Es ist immer eine Freude, gemeinsam mit Norma und ihren Hunden zu trainieren oder zu jagen.
Mit dem Inhalt dieses Buches wird das Fundament erfolgreicher Erziehung und Ausbildung des Hundes gelegt. Egal ob der Hund „nur“ Begleithund, Jagdhund und/oder erfolgreicher Gefährte im Dummysport werden soll, hier findet der Ersthunde- wie auch der erfahrene Hundebesitzer einen vernünftigen und systematischen Umgang mit dem Welpen beschrieben. Beim Lesen des Buches habe ich mir selbst sofort einige Stellen markiert, auf die ich in Zukunft noch mehr achten werde. Dabei liest es sich wie eine lockere Plauderei mit jemandem, der nicht nur sehr genau weiß, was er sagt, sondern dieses auch lebt.
Dieses Buch wird mit seiner Fülle an Informationen sicher an den Erfolg ihres ersten Buches „Die Kosmos Retrieverschule“ anknüpfen. Wieder hat Norma es verstanden, mit Herz und Fingerspitzengefühl für die Hunde, den Lesern viel Hilfe für die sicherlich wichtigste Zeit im Hundeleben anzubieten. So wie sie es in ihren Trainingsgruppen und Seminaren schafft, dass Hundeführern und Hunden immer wieder ein Licht aufgeht.

UWE HEISS
„SAVAGE RUN“ – LABRADOR RETRIEVER

Der Weg zum eigenen Hund

Zuchtrichtungen

Trotz aller genetischen Kenntnisse ist Zucht auch heute noch unberechenbar und deshalb spannend. Neben einem enormen Wissen über Vererbung kommt es im Wesentlichen auf ein gutes Gespür des Züchters an, denn Spitzenhund x Spitzenhund muss nicht gleich bedeuten, dass alle Nachkommen durchweg Spitzenveranlagungen haben. In die Erbmasse der Tiere hineinschauen können wir nicht. Der Züchter kann versuchen, über den Phänotyp (die erkennbaren vorliegenden körperlichen Merkmale wie Größe, Farbe, Gewicht, Gesundheitsergebnisse etc.) auf den Genotyp (die exakte genetische Ausstattung des Hundes in der Gesamtheit) der Zuchthunde zu schließen. Der Genotyp bestimmt den Phänotyp, weshalb man über die Ausstellungserfolge bzw. die Arbeitsleistung und die Gesundheitsergebnisse der Elterntiere und deren Verwandtschaft Anhaltspunkte über den Zuchtwert (genetischer Hintergrund) der Zuchthunde erhalten kann. Mit diesem Wissen kann man versuchen, eine möglichst optimale Verpaarung zu planen. Doch auch bei allen Überlegungen bleibt Natur eben Natur.

Erwartungen an den Hund

Bevor man sich für einen bestimmten Wurf entscheidet, sollte man für sich klären, was man von seinem zukünftigen Hund erwartet. Sicherlich kann man jeden Hund erziehen, doch bei der Ausbildung des Hundes können wir nur das fördern, was in seinen Anlagen vorhanden ist. Deshalb sollten Hunde, die jagdlich eingesetzt werden und jagdliche Prüfungen absolvieren sollen, auch anlagemäßig dafür geschaffen sein. Hunde, die anlagemäßig für die von ihnen erwartete Leistung viel mitbringen, können eindeutig einfacher und in kürzerer Zeit für jagdliche Aufgaben ausgebildet werden. Jedoch muss man bei der Auswahl eines Hundes unbedingt bedenken, dass Hunde, die jagdliche Anlagen besitzen, auch anlagemäßig beschäftigt werden wollen. Unterfordert man den Hund, so wird er Wege finden, sich selbst zu beschäftigen und das ist oft nicht im Sinne des Besitzers. Möchte man einen Hund ausschließlich als Familienhund halten, so sollte man dementsprechend vom anlagemäßig hochtalentierten Jagdhund Abstand nehmen. Meistens kann man unter diesen Umständen ihren Ansprüchen an Beschäftigung nur schwer gerecht werden.

Jeder dieser Welpen bringt bestimmte Anlagen mit. Ihre Förderung liegt jedoch in den Händen des neuen Besitzers.

„Man kann einem Hund grundsätzlich nichts beibringen, das ihm nicht grundsätzlich von der Natur mitgegeben ist. Alle Kunst der Ausbildung beruht darauf, dass man angeborene Lernfähigkeiten ausnutzt und nach Wunsch fördert.“

(Eberhard Trumler)

Retrieverzucht in England

Im 19. Jahrhundert entstanden die meisten Retrieverrassen in England. Mit der zielgerichteten Zucht der Rassen begann man Ende des 19. bzw. Anfang des 20. Jahrhunderts. Zu dieser Zeit wurden auch die Rassestandards aufgestellt. Ursprünglich wurden alle Retriever für die Jagd gezüchtet. Im Laufe der Jahre veränderte sich jedoch auch der Anspruch der Züchter. Es entstanden nach und nach zwei unterschiedliche Zuchtlinien, die sogenannte Show- und die Arbeitslinie.

Arbeitslinie

Bei der Arbeitslinie, bei uns wird diese auch Field Trial Linie genannt, wurden über viele Hundegenerationen hinweg ausschließlich Hunde für den jagdlichen Einsatz gezüchtet und dementsprechend nur auf die dafür nötigen Eigenschaften selektiert. Hauptsächliches Augenmerk wird auf die jagdliche Leistungsfähigkeit und weniger auf das Äußere der Hunde gelegt. Selektionskriterien sind „good nose (= gute Nase), style (= Arbeitsstil), natural game finding ability (= die natürliche Begabung, Wild zu finden), good temperament (= gutes Temperament), will to please (= der Wille zu gefallen)", alles Eigenschaften, die ein guter Jagdhund benötigt. Hunde dieser Linie wurden früher stets an Jäger und Gamekeeper (= Jagdhüter) verkauft, heute findet man sie oftmals auch im Dummysport. Diese Hunde haben die Möglichkeit, ihre Fähigkeiten auf „Field Trials" (Prüfungen, die anlässlich eines Jagdtages abgehalten werden) und im praktischen Einsatz beim „picking up" (= Einsammeln von Wild bei einer Jagd) unter Beweis zu stellen.

1 Golden Retriever aus der Showlinie sind meist von hellerer Farbe und haben einen kräftigeren Körperbau.

2 Golden Retriever aus der Arbeitslinie sind meist dunkelgolden und etwas „leichter" vom Typ.

Showlinie

Im Gegenzug zur Arbeitslinie entstand die Showlinie. Diese Züchter legten größeren Wert auf das Aussehen der Hunde und weniger auf besonders ausgeprägte jagdliche Anlagen. Über viele Hundegenerationen wurden die Zuchthunde vor allem unter dem Gesichtpunkt des Exterieurs (= Aussehen) selektiert. Schon nach wenigen Generationen hat sich das Aussehen der Hunde aus diesen beiden Zuchtrichtungen auseinanderentwickelt. Hunde aus der Arbeitslinie sind in der Regel hochbeiniger, sie haben einen schmaleren Kopf und wirken sportlicher. Die langhaarigen Vertreter dieser Zuchtrichtung haben auch oftmals kürzeres Fell. Die Hunde aus den Showlinien sind in der Regel nicht ganz so hochbeinig, sie sind vom Körperbau kräftiger und haben auch einen kräftigeren Kopf. Die Hunde der langhaarigen Rassen haben ein langes gut aussehendes Fell, das sie sehr elegant erscheinen lässt, aber sich beim jagdlichen Einsatz oft als unpraktisch erweist.
Beide Linien sind über viele Jahrzehnte solide gezüchtet worden, bei beiden wird großer Wert auf ein gutes und verträgliches Wesen gelegt, das unter anderem die große Beliebtheit dieser Hunderassen begründet. Die Züchter selektierten immer auf die für das entsprechende Zuchtziel nötigen Eigenschaften. Immer nur die besten Hunde wurden zur Zucht eingesetzt, um den erwünschten Typ zu festigen. Es wundert nicht, dass sich die beiden Linien stetig auseinanderentwickelten. In den Ahnentafeln erkennt man, um welche Zuchtrichtung es sich handelt. Je nach Zuchtziel findet man über zahlreiche Hundegenerationen hinweg Ahnen mit Championtitel entweder der einen oder der anderen Zuchtrichtung (Schönheitschampion / SH-Ch. und Arbeitschampion / FT-Ch.).

Links ein Labrador aus Showlinien, rechts einer aus Arbeitslinien.

Retrieverzucht auf dem kontinentalen Festland

Zuchtvereine entstanden erst vor wenigen Jahrzehnten auf dem kontinentalen Festland (Gründungsjahr DRC 1963, ÖRC 1980, LCD 1984, RCS 1985, GRC 1989). Anfänglich wurden Hunde aus Showlinien von England importiert. Diese Hunde bildeten den Grundstock der kontinentalen Zucht. Um die jagdliche Brauchbarkeit der Hunde zu überprüfen, wurden diese bald auf kontinentalen jadlichen Prüfungen vorgestellt. Nach und nach entstanden spezielle Prüfungen für Retriever wie z. B. die Bringleistungsprüfung (BLP/R), Dr. Heraeus Gedächtnis Prüfung (HP/R), Retrievergebrauchsprüfung (RGP/R) und erst kürzlich die St. Johns Prüfung (SJP). Diese Prüfungen haben mit den Field Trials des englischen Mutterlandes jedoch wenig gemein, da diese sich an den Bedürfnissen der Jagd des kontinentalen Festlandes orientieren, die sich von den Jagdbedingungen in England unterscheiden. Deshalb ist es nicht verwunderlich, dass sich die jagdlichen Prüfungen für Retriever stark an den Prüfungen der deutschen Vollgebrauchshunde anlehnen.

Jagdliche Leistungszucht

In der Zucht begann man Verpaarungen aus Hunden, die eine kontinentale jagdliche Prüfung wie eine BLP/R bestanden hatten, herauszustellen. Welpen aus diesen Verpaarungen werden als „jagdliche Leistungszucht" deklariert. Können auch die Großeltern der Welpen jagdliche Prüfungen vorweisen, so bekommen diese Welpen Ahnentafeln mit dem Prädikat „spezielle jagdliche Leistungszucht". Diese Hunde haben ihre jagdliche Brauchbarkeit unter Beweis gestellt.

ZUCHTRICHTUNGEN

(Betrachtung der Extreme, Mischtypen sind möglich)

- Hunde aus Showlinien, die vor allem als Familienbegleithunde gezüchtet werden.
- Hunde aus (spezieller) jagdlicher Leistungszucht, die vor allem als Jagdgebrauchs- und Sporthunde gezüchtet werden. Welpen mit diesem Prädikat haben Eltern bzw. Großeltern, die deutsche Jagdprüfungen bestanden haben. Man unterscheidet hier zwei unterschiedliche Typen:

  1. Hunde, die aus Showlinien stammen.
  2. Hunde, die aus englischen Arbeits- bzw. Field Trial Linien stammen.

  Je nachdem, aus welcher Zuchtrichtung die Vorfahren stammen, unterscheiden sich die Hunde im Temperament, von den Arbeitsanlagen und auch vom Typ und Aussehen.

Englische Arbeitslinien

Hunde aus der englischen Arbeitslinie, die über viele Jahrzehnte und unzählige Generationen hinweg ausschließlich auf Arbeitsleistung gezüchtet wurden, waren auf dem kontinentalen Festland nicht von Beginn an vertreten. Erst vor wenigen Jahren begannen ambitionierte Hundehalter und -züchter eine immer wachsende Zahl von Field Trial Retrievern (Labrador und Golden Retriever) aus England zu importieren. Viele dieser Importhunde sind bereits in der Zucht. Mittlerweile gibt es nun auch in Deutschland, der Schweiz und Österreich Züchter, die ausschließlich entsprechend dem englischen Vorbild Hunde aus der reinen englischen Arbeitslinie züchten.

Leistungszucht ist nicht gleich Leistungszucht

Sucht man auf den Welpenlisten nach einem Welpen aus „jagdlicher bzw. spezieller jagdlicher Leistungszucht“, kann man leicht Opfer eines Irrtums werden. Auf den Welpenlisten der Zuchtvereine kann man nicht auf Anhieb erkennen, ob es sich um Welpen aus der Showlinie mit deutschem Arbeitsprädikat oder um Welpen der englischen Arbeits- bzw. Field Trial Linien handelt. In beiden Fällen haben die Elterntiere die gleichen Prüfungen vorzuweisen, jedoch unterscheiden sich die Hunde erheblich im Typ und Aussehen voneinander. Sicher bekommt man in jedem Fall einen guten Jagdhund, doch hat man sich für einen bestimmten Typ Hund entschieden, ist es unumgänglich, sich entweder mit der Ahnentafel des Wurfes auseinanderzusetzen oder den Züchter zu befragen. Scheuen Sie sich nicht, den Züchter auch um eine Arbeitsprobe des Zuchthundes zu bitten. Dann können Sie sich selbst davon überzeugen, ob das Temperament und der „Style“ Ihren Vorstellungen entspricht. Jeder seriöse Züchter wird Ihnen gerne, wenn die Trächtigkeit der Hündin noch nicht zu weit fortgeschritten ist, stolz das Arbeitsvermögen seiner Zuchthunde demonstrieren.

Jeder dieser Hunde kann aus einer Verpaarung der (speziellen) jagdlichen Leistungszucht stammen. Golden aus der Showlinie (1) und der Arbeitslinie (2). Labrador aus der Showlinie (3) und der Arbeitslinie (4).

Wo finde ich meinen Traumhund?

Züchter, die in einem des VDH (Verband für das Deutsche Hundewesen) angeschlossenen Verein züchten, müssen strenge Zuchtauflagen einhalten.

Sie haben sich entschlossen, einen Retrieverwelpen zu sich zu nehmen. Nun kommt es darauf an, dass Sie einen verantwortungsvollen Züchter finden. Ein Lebewesen kauft man nicht jeden Tag, deshalb sollten Sie sich vor dem Kauf gut informieren. Dieser Hund wird Sie als Weggefährte viele Jahre Ihres Lebens begleiten. Warten Sie lieber einige Wochen oder auch Monate, bis Sie den richtigen Züchter gefunden haben, dem Sie vertrauen können.

Die Dachverbände der Hundezucht

Adressen von Züchtern können Sie bei den Retriever-Zuchtvereinen erfragen. Rufen Sie bei der Welpenvermittlung an (siehe S. 165).
Dort erhalten Sie Informationen, welcher Züchter einen Wurf der gewünschten Rasse bereits hat bzw. wo Welpen erwartet werden. Achten Sie jedoch darauf, dass der Züchter in einem dem FCI angeschlossenen Hundezuchtverein züchtet. Warum das?
Die unter dem Dach der Fédération Cynologique Internationale (FCI) zusammengeschlossenen Zuchtverbände züchten nach strengen Zuchtvorschriften. In erster Linie geht es diesen Vereinen um die Erhaltung des rassetypischen Aussehens und der Eigenschaften des Rassehundes, ebenso um ein gutes ausgeglichenes Wesen sowie um eine gute Gesundheit der Tiere. Es werden nur Hunde zur Zucht zugelassen, die neben gesundheitlichen Kriterien auch mit ihrem Aussehen (Formwert), ihrem Wesen (Wesenstest) und ihrer Veranlagung (Arbeitsprüfungen) dem Rassestandard entsprechen.
Die so zusammengeschlossenen Züchter sind keine Massenzüchter. Sie züchten ihre Hunderasse als Hobby, mit der entsprechenden Liebe und Passion. Ob allerdings der Züchter Ihren Vorstellungen entspricht, das müssen Sie selber herausfinden.

Hobbyzüchter züchten aus Liebe und Passion. Die Mutterhündin ist Teil der Familie und ihre Welpen wachsen mitten im Familiengeschehen auf.

WELTWEITE VEREINSHIERARCHIE

FCI (Fédération Cynologique Internationale)

Die Fédération Cynologique Internationale (FCI) ist die Weltorganisation der Kynologie. (Kynologie ist die Wissenschaft vom Hund, dieser Begriff wird jedoch nicht nur rein wissenschaftlich gebraucht, sondern auch für die angewandte Hundekunde, d. h. die Zucht, Abrichtung, Haltung und Verwendung der Hunde). Dieser weltweiten Dachorganisation der Hundezuchtvereine sind jeweils die nationalen Zuchtverbände untergeordnet. Pro angeschlossenem Land gibt es einen nationalen Zuchtverband. Zur Zeit sind unter dem Dach der FCI 80 Mitglieds- und Partnerländer zusammengeschlossen. Jedes dieser Mitglieds- und Partnerländer stellt ihrerseits eigene Ahnentafeln aus und bildet auch nationale Richter aus. In Deutschland ist dies der Verband für das Deutsche Hundewesen (VDH); in der Schweiz die Société Cynologique Suisse (SKG); in Österreich der Österreichische Kynologenverband (ÖKV). Die FCI garantiert innerhalb ihrer Organisation die gegenseitige Anerkennung der Ahnentafeln (Pedigrees) der Länder, wie auch der Richter.

VDH (Verband für das Deutsche Hundewesen)
SKG (Schweizerische Kynologische Gesellschaft)
ÖKV (Österreichischer Kynologenverband)

Die der FCI angeschlossenen nationalen Zuchtverbände VDH / SKG / ÖKV sind selbst wiederum Dachorganisationen. In Deutschland z. B. werden vom Dach des VDHs über 250 verschiedene Hunderassen betreut. Die drei deutschen Retrieverzuchtvereine (Deutscher Retriever Club, Golden Retriever Club, Labrador Retriever Club Deutschland) sind Mitglied im VDH. Sie unterwerfen sich den strengen Zuchtbestimmungen mit entsprechenden Wurfkontrollen. Der VDH garantiert, dass die in den Ahnentafeln des VDH enthaltenen Angaben korrekt sind und strenge Wurf- und Zuchtkontrollen durchgeführt wurden. Bei den im VDH angeschlossenen Vereinen werden diese Mindestzuchtbestimmungen durch objektive Kontrollen gewährleistet.

JGHV (Jagdgebrauchshundverband)

Neben dem VDH als Dachorganisation für das deutsche Hundewesen existiert in Deutschland als Dachorganisation für das gesamte Jagdgebrauchshundwesen der Jagdgebrauchshundverband (JGHV). Satzungsgemäß ist der JGHV die Dachorganisation der Jagdgebrauchshund-, Prüfungs- und Zuchtvereine sowie der Landesjagdverbände. Er setzt sich aus Vereinen zusammen, die Prüfungen nach den Ordnungen des Verbandes veranstalten, Zuchtvereinen sowie assoziierten Vereinen des Auslandes. Der JGHV hat sich die Aufgabe gestellt, alle Vereine zusammenzuschließen, die durch Prüfung, Zucht und Weiterbildung für die Beschaffung brauchbarer Jagdhunde sorgen und damit dem waidgerechten Jagen dienen wollen. Der JGHV wiederum ist Mitglied im VDH.

Wie erkenne ich einen gewissenhaften Züchter?

Nach Ihren ersten Recherchen wissen Sie nun, welche Züchter Welpen haben oder welche in den nächsten Monaten Welpen erwarten. Nehmen Sie erst einmal telefonisch Kontakt zu den Züchtern auf. Stellen Sie sich vor dem Anruf eine Liste mit Fragen zusammen. Scheuen Sie sich nicht, den Züchter alles zu fragen, was Ihnen am Herzen liegt. Ein guter Züchter wird Ihnen Ihre Fragen gerne beantworten, denn er ist in der Regel stolz auf seine Hunde und wird Ihnen detaillierte Auskunft geben. Zudem wird es auch ihm wichtig sein, dass Sie sich mit der Hunderasse beschäftigt haben, dass Sie sicher sind, dass ein Retriever der Hund ist, der am besten zu Ihnen passt.

Was Züchter alles fragen

Seien Sie nicht überrascht, wenn der Züchter Ihnen ebenso viele Fragen stellt. Er wird sich ganz sicher für Ihre besonderen Lebensumstände interessieren, sich nach Ihrem Tagesablauf, nach Ihrer Berufstätigkeit, nach Ihren Urlaubsplänen, nach Ihren Hobbys usw. erkundigen. Seien Sie über diese scheinbare Aufdringlichkeit nicht verärgert. Dieser Züchter zeigt nur, dass er sich verantwortungsbewusst um seine Welpen kümmert. Bedenken Sie, er muss sich in relativ kurzer Zeit einen Eindruck verschaffen, ob Sie die Möglichkeit und Fähigkeit haben, die Verantwortung für dieses hilflose Lebewesen für die nächsten 10 bis 15 Jahre übernehmen zu können. Freuen Sie sich darüber, dass diesem Züchter das Schicksal seiner Welpen nicht egal ist.

Flatcoated Retrieverwelpen beim ausgelassenen Spiel.

FRAGEN AN DEN ZÜCHTER AM TELEFON

Fragen, die Sie bei Ihrem ersten Telefonat mit einem Züchter stellen sollten

FRAGE **Wie lange halten Sie schon diese Hunderasse?**

HINTERGRUND Ein Züchter sollte möglichst viele Jahre Erfahrung mit dieser Rasse haben. Nur wenn er über ein umfassendes Wissen über die Rasse und ausreichend Kenntnis über die charakterlichen und gesundheitlichen Eigenschaften der Zuchttiere hat, kann er die richtige Auswahl für eine Verpaarung treffen. Züchter sollten deshalb über ausreichend Erfahrung verfügen bzw. Neuzüchter auf den Erfahrungsschatz und die Beratung eines erfahrenen Züchters zurückgreifen können.

FRAGE **Wie viele Würfe haben Sie durchschnittlich pro Jahr?**

HINTERGRUND „Viele", ist hier die falsche Antwort. Ein dem VDH angeschlossener Züchter betreibt die Hundezucht als Hobby und hat nicht viele zuchtfähige Hündinnen. In der Regel haben solche Züchter nicht mehr als zwei bis maximal drei Würfe im Jahr.

FRAGE **Züchten Sie auch noch andere Rassen?**

HINTERGRUND Wenn der Züchter mehrere Rassen züchtet, dann sollten Sie ihn von Ihrer Liste streichen. Hundezucht ist schon sehr aufwendig. Man braucht schon alleine dafür viel Zeit, sich die entsprechenden Informationen über die Zuchthunde zu besorgen, um einen Wurf gewissenhaft planen zu können. Es ist deshalb kaum möglich, sich um mehr als zwei Rassen gewissenhaft zu kümmern.

FRAGE **In welchem Alter geben Sie die Welpen ab? Wann kann ich einen Welpen abholen?**

HINTERGRUND Züchter, die dem VDH angeschlossen sind, dürfen die Welpen nicht vor der 8. Lebenswoche (in der Schweiz ist es die 10. Lebenswoche) abgeben. Außerdem produzieren diese Züchter Welpen nicht auf Halde. In der Regel muss man auf einen Welpen Wochen oder Monate warten. Werden Sie erst einmal stutzig, wenn Sie einen Welpen sofort haben können. Hinterfragen Sie, warum der bzw. die Welpen nicht bereits vergeben worden sind.

FRAGE **Kann ich vorbeikommen und mir den Wurf anschauen?**

HINTERGRUND Hier sollten Sie nicht das Gefühl haben, dass Sie sich aufdrängen. Gute Züchter möchten sowieso ihre zukünftigen Welpenkäufer vor der Abgabe kennenlernen. Ernsthaften Züchtern ist es nicht egal, wo ihre Welpen hinkommen. Sie möchten sich gerne ein Bild von Ihnen, Ihrer Familie und Ihren Lebensumständen machen. Allerdings können Sie nicht damit rechnen, sofort oder zu Ihrem ersten Terminvorschlag zum Züchter fahren zu können. Gerade in der Zeit, in der Welpen da sind, hat der Züchter selbst viele Verpflichtungen. Er muss die Welpen versorgen und auch Zeit für Gespräche mit anderen Welpeninteressenten einplanen. Seien Sie deshalb nicht böse, wenn Sie sich nach den Vorgaben des Züchters richten müssen und nicht täglich zu den Welpen können.

FRAGE **Kann ich bei diesem Besuch auch die Mutterhündin sehen?**

HINTERGRUND Falls der Züchter Ihnen die Mutterhündin nicht zeigen möchte, fragen Sie nach dem Grund. Sie sollten die Mutterhündin sehen dürfen, denn schließlich gibt sie ihre Anlagen an die Welpen weiter.

Scheuen Sie sich nicht, diese und auch noch mehr Fragen bereits am Telefon zu stellen. Ein guter Züchter wird sie Ihnen beantworten, ohne sich belästigt zu fühlen, wenn die Fragen Ihr Interesse widerspiegeln und höflich formuliert sind.

FRAGEN AN DEN ZÜCHTER WÄHREND DES BESUCHS

Haben Sie die Zuchtstätte für gut befunden, dann fragen Sie den Züchter alles, was Ihnen auf der Zunge liegt. Ein Züchter, der sich durch Ihre Fragerei genervt fühlt, ist bestimmt nicht der richtige.

FRAGE **Ist die Rasse mit irgendwelchen Erbkrankheiten belastet? Sind Ihre Hunde daraufhin untersucht? Sind Ihre Hunde mit solchen Erbkrankheiten belastet?**

HINTERGRUND Lassen Sie sich die Gesundheitsergebnisse der Hunde zeigen und scheuen Sie sich nicht, sich die Ergebnisse erklären zu lassen.

FRAGE **Wie sieht die Ahnentafel aus? Warum haben Sie diese Paarung gemacht? Was haben Sie sich davon versprochen? Welches Ziel verfolgen Sie mit Ihrer Zucht?**

HINTERGRUND Ein guter Züchter wird Ihnen gerne die Ahnentafel erklären und auch Auskunft über seine Zuchtziele geben. Er wird Ihnen gerne verdeutlichen, warum er diese Paarung gemacht hat, was er sich davon erhofft. Ein Züchter ohne ein Zuchtziel züchtet nicht – er vermehrt nur.

FRAGE **Wie oft werden die Hunde tierärztlich betreut? Gab es irgendwelche gesundheitlichen Probleme?**

HINTERGRUND Normalerweise legt jeder Züchter bereitwillig die tierärztlichen Unterlagen (in der Regel sind dies die Hüftgelenks- und Ellenbogendysplasie-Ergebnisse sowie die Augenuntersuchung) und die Unterlagen der Wurfabnahme vor.

FRAGE **Was steht im Kaufvertrag? Gibt es irgendwelche Klauseln? Nehmen Sie den Hund zurück, wenn irgendwelche nicht absehbaren Umstände (Scheidung, Auswanderung, Arbeitslosigkeit, Hausbrand, Allergie etc.) eintreten und ich das Tier nicht mehr halten kann?**

HINTERGRUND Seien Sie vorsichtig, wenn ein Züchter dies ablehnt. Ein guter Züchter wird mit Ihnen den Kaufvertrag durchgehen und erklären. Er wird auch ohne Probleme einen Hund zurücknehmen, um diesem den Gang ins Tierheim zu ersparen. Er wird seinem Welpen, egal wie alt er dann ist, gerne ein neues Zuhause suchen.

FRAGE **Fragen Sie, ob Sie Kontakt zu ihm halten dürfen? Ob er Ihnen mit Rat und Tat zur Seite stehen wird?**

HINTERGRUND Ein guter Züchter ist sowieso aus eigenem Interesse daran interessiert zu erfahren, was aus seinen Welpen wird. Er erwartet nicht, dass Sie monatlich bei ihm anrufen. Aber er freut sich, wenn Sie ihn bei Schwierigkeiten und auch bei positiven Entwicklungen (z. B. Ergebnisse der Gesundheitsuntersuchungen, bestandene Prüfungen, Zuchtgedanken) informieren. Er wird Ihnen selbstverständlich auch bei auftretenden Problemen, z. B. bei gesundheitlichen Fragen oder Schwierigkeiten in der Ausbildung gerne zur Seite stehen.

Erster Besuch beim Züchter

Sie haben telefonisch Kontakt aufgenommen und von diesem Züchter einen guten Eindruck bekommen. Deshalb haben Sie nun einen Besuchstermin mit ihm vereinbart. Nutzen Sie diesen Termin, um sich vor Ort Ihr Bild von diesem Züchter zu vervollständigen. Sehen Sie sich an, wie die Welpen gehalten werden. Es ist egal, ob die dort vorgefundenen Einrichtungen einfach und abgenutzt sind, Hauptsache ist, dass das Umfeld sauber und gepflegt ist.

Goldenwelpen im Außenauslauf. Unterschiedliche Reize schärfen bereits in diesem Alter die Sinne.

Der erste Eindruck zählt

Sehen Sie sich nicht nur die Welpen an. Begutachten Sie auch die anderen Hunde, die im Haus des Züchters leben. Machen diese einen gesunden Eindruck? Reagieren sie freundlich und fröhlich auf den Züchter? Verhalten sich die erwachsenen Hunde auch freundlich Ihnen gegenüber? Macht der Züchter den Eindruck, dass er stolz auf seine Hunde ist? Haben Sie den Eindruck, dass er seine Hunde liebt? Haben Sie bei irgendetwas ein ungutes Gefühl, sollten Sie lieber Ihren Besuch beenden und sich nach einem anderen Züchter umsehen. Sie sollten das Gefühl haben, dem Züchter vertrauen zu können. Mitleidskäufe lohnen sich niemals. Sie wollen einen Freund finden, der Sie begleitet, ein ganzes Hundeleben lang.
Seien Sie aber auch vorsichtig, wenn der Züchter sich nicht dafür interessiert, warum Sie gerade diese Rasse ausgesucht haben, wenn er Sie nicht nach Ihren Lebensumständen befragt, wenn er sich nicht dafür interessiert, wo sein Welpe hinkommt und wie sein weiteres Leben aussehen wird! Ein guter Züchter hat großes Interesse daran, das bestmögliche Zuhause für seine Welpen zu finden. Er wird Sie ebenfalls befragen und Sie aufmerksam beobachten, wie Sie und ebenso Ihre Kinder mit den Welpen und den erwachsenen Hunden umgehen. Er wird Sie nicht überreden wollen, einen seiner Hunde zu kaufen. Er verkauft seine Welpen auch nicht zu Schleuderpreisen, nur weil er sie aus irgendwelchen Gründen loswerden will.

WICHTIG

Welpenauslauf

Ein absolut sauberer Welpenauslauf wird bei der großen Schar von ewig herumwuselnden Welpen nicht realisierbar sein, auch ein sehr bemühter Züchter wird es nicht schaffen. Aber es sollten trotzdem keine eindeutig alten Häufchen und Pippi-Pfützen zu finden sein. Auch der Wassernapf sollte sauber und gefüllt sein und keine Näpfe mit Futterresten herumstehen. Die Welpen sollten Kontakt zu Menschen haben. In einer abgelegenen Scheune, im Zwinger oder gar im Keller haben sie dazu keine Chance.

Welpenauswahl

WICHTIG

Welpentest
Hinweise über die Charaktermerkmale und das Verhalten des Welpen kann man über einen Welpentest erhalten. Dieser Test kann aber nicht das Verhalten des erwachsenen Hundes eindeutig voraussagen, denn dieses wird durch die künftigen Erfahrungen des Welpen mit der Umwelt und mit seinem neuen Besitzer weiter beeinflusst. Aus den Testbeobachtungen kann man nur auf das augenblickliche Wesen und das derzeitig gezeigte Verhalten des Welpen schließen. Die Beobachtungen geben uns Anhaltspunkte darüber, wie man künftig mit der Prägung des Welpen vorgehen muss.

Vertrauen Sie Ihrem Züchter, lassen Sie sich von ihm bei der Auswahl Ihres Welpen beraten. Ein guter Züchter kennt die Eigenheiten und die Charakterzüge jedes seiner Welpen genau. Er hat die Kleinen schließlich in den letzten acht Wochen gut beobachten können. Um dieses Bild zu vervollständigen, lassen einige Züchter am 49. Lebenstag der Welpen einen Welpentest durchführen. Zu diesem Zeitpunkt ist das Gehirn eines Welpen vollständig entwickelt. Ursprünglich wurden Welpentests von Verhaltensforschern, Hundezüchtern und Ausbildern entwickelt, um ein Instrument für die Auslese von Welpen für die Blindenführhundeausbildung zu haben. Bei einem Welpentest wird jeder Welpe alleine, ohne die Sicherheit seiner Hundefamilie, von einer ihm unbekannten Person in einer ihm unbekannten Umgebung beobachtet. Ohne die Sicherheit ihrer Geschwister zeigen Welpen häufig ganz andere Reaktionen und Verhaltensweisen als im Rudel. Die Testergebnisse ergänzen deshalb die Beobachtungen, die der Züchter bei der Aufzucht gemacht hat und runden das Charakterbild ab.

Weichen stellen für die Zukunft

Jeder Welpe ist eine eigenständige Persönlichkeit, deshalb muss die weitere Prägung und Erziehung durch den neuen Besitzer je nach Persönlichkeit des Welpen sehr unterschiedlich sein. Fragen Sie Ihren Züchter, er wird Ihnen sicher Tipps für die weitere Prägung Ihres Welpen geben, um eine möglichst optimale Sozialisierung und Erziehung seiner Nachzucht zu gewährleisten.

Bis zum Ende der 16. Lebenswoche hat der Welpenkäufer die Möglichkeit, den Welpen auf den richtigen Weg zu bringen. In dieser Zeit sollte z. B. ein eher selbstsicherer Welpe schon lernen, dass es mehr Spaß macht, mit dem Menschen zusammen etwas zu unternehmen als alleine herumzustromern. Ein sehr selbstsicherer Welpe sollte nicht die Erfahrung machen können, dass er alleine die Welt entdecken und auch ohne seinen Menschen Spaß haben kann. Lassen Sie ihm niemals zu viel Freiraum, denn sonst beschwören Sie spätere Probleme herauf. Durch gezielte Prägung kann auch aus einem unsicheren, vorsichtigen Welpen ein durchaus selbstsicherer Hund werden. Welpen sind begierig, alles zu lernen und dies schnell und nachhaltig.

Ausflug zum See.

Die eigene Vorstellung vom Hund

Mit Hilfe seines Wissens kann der Züchter einen für Sie geeigneten Welpen aussuchen, dessen Wesen, Temperament und Veranlagung für Ihren späteren Verwendungszweck passend ist. Sie sollten deshalb Ihrem Züchter genau sagen, was für Vorstellungen und Ziele Sie haben. Was erwarten Sie von Ihrem zukünftigen Familienmitglied? Was für Charaktereigenschaften bevorzugen Sie; was könnten Sie nicht akzeptieren? Suchen Sie einen passionierten Jagdhund oder einen unerschrockenen Rettungshund oder einen verschmusten Familienhund? Möchten Sie züchten? Würden Sie auch einen Welpen mit einem zuchtausschließenden Fehler akzeptieren? Bedenken Sie, nicht jedes Lebewesen ist vollkommen, dennoch kann gerade dieser Welpe der perfekte Lebenspartner für Sie sein! Beschreiben Sie Ihrem Züchter möglichst genau Ihre Vorstellungen. Jeder Welpenkäufer hat so die Chance auf die erste Wahl, denn jeder Welpe ist anders und jeder Welpenkäufer hat auch andere Vorstellungen. Vertrauen Sie bei der Welpenauswahl auf das Gespür, das Wissen und die Erfahrung Ihres Züchters.

Erste Umwelterfahrungen zusammen mit den Wurfgeschwistern und der Mutterhündin.

Grundlagen der Welpenerziehung

Wie viel Erziehung braucht ein Hund?

Sicher gibt es kein Patentrezept, wie viel Erziehung wirklich sein muss. Wenn Hund und Hundehalter nicht zum Problem in unserer Gesellschaft werden wollen, braucht jeder Hund ein gewisses Maß an Grundgehorsam. Er benötigt auf jeden Fall so viel Erziehung, damit er in unserer Gesellschaft nicht unangenehm auffällt oder aneckt. Ein verantwortungsbewusster Hundehalter wird seinem Retriever deshalb eine sorgfältige Erziehung angedeihen lassen. Eine Erziehung, die Zeit und Geduld erfordert.
Hundeerziehung sollte didaktisch abwechslungsreich und fachkundig aufgebaut sein. Scheuen Sie sich nicht, fachkundige Hilfe in Anspruch zu nehmen. Die Rassehundeclubs, aber auch Hundeschulen bieten Welpen- und Junghundekurse an. Profitieren Sie von dem Wissen der kompetenten und erfahrenen Ausbilder. Neben praktischen Unterweisungen wird in diesen Kursen theoretisches Fachwissen vermittelt.

Das Wichtigste für den Welpen sind Zeit, Geduld und Konsequenz seines Besitzers.

Spaß bei der Erziehung

Alleine mit dem Wort Erziehung assoziieren viele von uns Zucht und Ordnung. Keiner von uns mag dieses Wort, jeder denkt gleich an Zuckerbrot und Peitsche. Die meisten frischgebackenen Hundebesitzer halten Erziehung für etwas Schreckliches, besonders wenn sie ihrem kleinen süßen wuscheligen Hundekind so beim Spielen zuschauen. Viele denken, lassen wir ihn erst einmal seine Jugend genießen, das was an Erziehung notwendig ist, können wir auch noch später nachholen. Sie erziehen ihren Welpen erst einmal nicht, bis er dann außer Rand und Band ist und sich die ersten Probleme bereits eingestellt haben.
Doch dies ist alles Unsinn. Eine sinnvolle Erziehung beginnt natürlich schon im Welpenalter. Mit Liebe und Konsequenz kann man dem Welpen vieles beibringen. Erziehung ist alles, was Sie mit Ihrem Welpen machen. Alles was er erlebt, jedes Spiel, jeder Spaziergang, jedes Lob, jede Zurechtweisung. Schon jetzt legen Sie den Grundstein für sein weiteres Leben. Je mehr Sie ihm in dieser Zeit spielerisch beibringen, umso einfacher werden Sie es später mit ihm haben. Lernen kann und sollte immer Spaß machen.

Erziehung bedeutet nicht nur „Sitz“, „Platz“, „Fuß“, sondern auch das Sammeln von Umwelterfahrungen.

Vorteile guten Benehmens

Sichern Sie Ihrem Welpen mit einer guten Erziehung ein erfülltes und artgerechtes Leben. Bereits vom ersten Tag an stellen Sie die Weichen dafür. Im Allgemeinen wird aus einem unerzogenen Welpen später auch einmal ein unerzogener Hund. Ein Hund, der dann immer zu Hause bleiben muss, da er zu unruhig ist und es viel zu anstrengend

Du störst! Kommunikation unter Hunden ist absolut eindeutig.

ist, ihn mitzunehmen, der an der Leine zerrt und mit anderen Hunden Streit anfängt. Der immer an der Leine bleiben muss, da er nicht hört und man deshalb Angst hat, dass er auf die Straße rennt und überfahren wird. Ein Hund, der keine Lebensqualität hat, eben weil er unerzogen ist.

Ein gut erzogener Hund ist eine Bereicherung für Ihr Leben. Sie werden es genießen, ihn überall mitnehmen zu können, und er wird es genießen, überall dabei sein zu dürfen. Ein Zuviel an Erziehung gibt es nicht, wenn sie wohl dosiert und in freundlicher Atmosphäre stattfindet. Es kann höchstens ein Zuwenig an Erziehung geben. Je besser ein Hund erzogen ist, desto mehr Freiheiten können Sie ihm einräumen, desto mehr Freiheiten lässt er Ihnen. Ein Hund sollte keine Belastung sein, sondern ein Partner, der unser Leben bereichert.

Umgang mit anderen Hunden und der Umwelt

Bereits als Welpe sollte der Hund den Umgang mit anderen Hunden lernen. Denn jetzt wird der Grundstein für soziales Verhalten gegenüber Artgenossen gelegt. Führen Sie ihn auch spielerisch an die unterschiedlichsten Umweltgegebenheiten heran. Je mehr Ihr Welpe erlebt, umso ausgeglichener wird er später auch mit neuen Situationen umgehen können. Prägen Sie sich einen sicheren Partner für Ihr Leben.

Ziele der Hundeerziehung

Gute Erziehung ist immer individuell und sollte auf den Hundetyp und die Lebenssituation abgestimmt werden. Sicher leuchtet es jedem ein, dass ein „Sport- oder Jagdhund" eine andere Erziehung verlangt als ein „Familienbegleithund".

Das Maß der Erziehung muss zudem auf die speziellen Anlagen des Welpen abgestimmt sein. Hunde wollen geistig und körperlich gefordert werden, deshalb sollte es das Ziel jeden Hundehalters sein, bereits den Welpen seinen Anlagen entsprechend zu beschäftigen.Es gibt immer noch Hundehalter, die sich genau das nicht vorstellen können. Aber Hunde sind erst wirklich glücklich, wenn sie ihre genetisch verankerten Anlagen ausleben können. Wobei es aber völlig egal ist, ob sie diese im Jagd- oder im Sportbereich ausleben dürfen. Retriever können in vielen Bereichen sinnvoll beschäftigt werden. Die Beschäftigung als Jagdhund oder im Dummysport kommt ihnen anlagemäßig am Nächsten. Aber auch Rettungshunde-, Lawinen- und Sanitätshundearbeit sowie alle Arten von Hundesport bieten sich an.

ALLER GUTEN DINGE SIND „DREI“

Grundsätzliche Mindestziele der Hundeerziehung

1 Kommen, wenn man ihn ruft, in jeder Situation, bei jeder nur erdenklichen Ablenkung.

2 „Fuß gehen“, das heißt ordentlich, ohne an der Leine zu zerren, aber auch „frei bei Fuß“ aufmerksam nebenhergehen.

3 „Sitzen“ oder „Liegen“ bleiben und neben seinem Menschen oder auch alleine warten, bis es dann endlich weitergeht. Ohne zu behindern oder zu stören.

Jeder verantwortungsvolle Hundehalter sollte mit diesem Mindestmaß an Gehorsam sicherstellen, dass der Hund immer und überall, in jeder Situation nicht zu einem Problem oder zu einer Gefahr für die Gesellschaft wird.

Bedeutung von Erziehung

Hunde sind intelligente, sensible Wesen. Sie merken schnell, wann wir mit dem, was sie machen, zufrieden sind und auch, wenn wir sie in bestimmten Situationen korrigieren, das uns dieses Verhalten nicht gefällt. Im Grunde wollen sie von uns Menschen anerkannt und geliebt werden. Aber oft ist die Ablenkung oder der Trieb stärker als dieses Verlangen, uns zu gefallen. Hunde werden von ihren Trieben beherrscht, deshalb sollte jedem Hundehalter absolut klar sein: „Antiautoritäre Erziehung“ funktioniert bei Hunden nicht! Wir Menschen müssen ihnen schon klarmachen, wann wir mit ihrem Verhalten einverstanden sind und wann nicht! Erziehung bedeutet somit auch, Verbote auszusprechen und konsequent darauf zu achten, dass diese auch eingehalten werden.

Beim täglichen Training fördert der Hundehalter das Miteinander mit seinem vierbeinigen Kameraden. Die Rangordnung wird gefestigt und so wird aus dem guten Kontakt zwischen Welpe und Halter eine echte Bindung – eine Bindung fürs Leben. Im Gegensatz zu vielen Menschen fällt es einem Welpen leicht, die Autorität seines Menschen anzuerkennen. Im Grunde ihres Herzens lieben Hunde klare Regeln, sie fühlen sich in einem geregelten Tagesablauf sehr wohl. Hunde sind Gewohnheitstiere und als Rudeltier fällt es ihnen leicht, sich unterzuordnen.

WICHTIG

Konsequenz
Es dauert viel länger, schlechte Angewohnheiten wieder abzugewöhnen, als die Dinge, die man nicht dulden möchte, gleich zu unterbinden.

Geben Sie Ihrem Welpen Sicherheit und Verlässlichkeit. Nur so kann er Vertrauen entwickeln und Ihnen auch in schwierigen Situationen folgen.

Gemeinsam die Welt entdecken – und sei es auch nur ein Schnürsenkel.

Mensch-Hund-Beziehung

Harmonie sollte die Grundlage jeder Mensch-Hund-Beziehung sein. Der Mensch sollte den Hund als seinen Kameraden sehen, als seinen Lebenspartner. So wird sich auch der Hund als dazugehörig, gleichwertig empfinden, wenn auch nicht als gleichrangig. Die Beziehung lenken und Entscheidungen treffen muss ohne Frage der Mensch. Abgestimmt auf den jeweiligen Hundtyp muss deshalb auch das Auftreten des Hundehalters sein.

Jeder Welpe ist eine echte Persönlichkeit mit eigenen Fähigkeiten. Was aus diesem ganz einmaligen Lebewesen wird, hängt einzig und alleine von seinem Besitzer ab. Denn auch der hochbegabteste Hund erzieht sich nicht von alleine, ein umfassendes Wissen über die Hundeausbildung, aber auch ein Gefühl für den Welpen gehören zur erfolgreichen Erziehung unbedingt dazu. Und gerade weil jeder Retrieverwelpe so einzigartig ist, ist die Erziehung immer wieder eine neue Herausforderung, auch für schon erfahrene Retrieverhalter.

Die erfolgreiche Ausbildung hängt in großem Maße von einer guten und ausgeglichenen Mensch-Hund-Beziehung ab. Beobachtet man die Hunde, die Arbeitsprüfungen gewinnen, stellt man fest, dass sie neben der sicher perfekt erbrachten Leistung auch durch ihren ausgeglichenen und sicheren Arbeitsstil überzeugen. Diesen überzeugenden Arbeitsstil können jedoch nur die Hunde erreichen, die Vertrauen zu und Achtung vor ihrem Menschen haben, und die Leistungen aus Zutrauen und nicht aus Angst erbringen. Sicher muss der Hundehalter immer den lenkenden Part in der Beziehung Mensch/Hund haben, er muss für den Hund eine Autoritätsperson sein. Doch sollte Autorität nicht mit falsch verstandenem Druck oder gar ungerechtfertigtem Zwang gleichgesetzt werden. Einer Autoritätsperson sollte man vertrauen und sich vor allem auf sie verlassen können.

WICHTIG

Fehlersuche

Begreift der Welpe eine Aufgabe nicht, dann hat das meist etwas mit seinem Menschen zu tun. Der Mensch

- hat Stress oder Zeitnot.
- hat keine Geduld.
- ist nicht konsequent genug.
- führt ständig neue Begriffe für dieselbe Übung ein.
- wählt einen falschen Ort mit zu viel Ablenkung.
- überfordert den Welpen.
- baut Übungen nicht logisch auf.
- bedrängt oder ängstigt den Welpen.

Wie Welpen lernen

Kommunikation im Rudel

Es ist unumstritten, dass jedes Lebewesen, auch der Hund, am einfachsten und effektivsten über positive Verstärkung lernt. Dies bedeutet: Je öfter der Welpe für eine Handlung gelobt und belohnt wird, umso verlässlicher wird er das erwünschte Verhalten zeigen. Sicherlich sollte es das Ziel sein, die Erziehung des Welpen so weit wie möglich positiv gestaltet ablaufen zu lassen. Doch er muss auch lernen, dass es bestimmte Dinge im Zusammenleben gibt, die nicht akzeptiert werden können. Positive Verstärkung ist auch nicht die einzige Erziehungsform, die Hundeeltern anwenden! Sicher haben Welpen in den ersten Lebenswochen sehr große Freiheiten, die Toleranz der Alttiere überwiegt, nur in wenigen Fällen werden sie in die Schranken gewiesen. Doch wird auch in den ersten Lebenswochen nicht jedes Verhalten der Welpen von den Alttieren akzeptiert.

VERHALTEN VON ALTTIEREN GEGENÜBER WELPEN IM RUDEL

	Ignorieren	Schnauzengriff	Auf-den-Boden-Drücken
bis zur 8. Lebenswoche	58,14 %	24,56 %	17,30 %
ab der 9. Lebenswoche	11,21 %	49,53 %	39,72 %

(Quelle: Bloch, Der Wolf im Hundepelz, 2004)

Verhaltensbeobachtungen bei Wölfen haben gezeigt, dass je älter die Welpen werden sie immer öfter von den älteren Wölfe zurechtgewiesen werden, und immer weniger Fehlverhalten akzeptiert bzw. ignoriert wird. Im Alter von 8 Wochen, also zu Beginn der Sozialisierungsphase, ist „Schluss mit Lustig“ – die Alttiere reagieren nun viel massiver auf Fehlverhalten der Welpen. Ab der 9. Lebenswoche lernen sie nun intensiv die Kommunikationsregeln des Rudels. Die deutlichen Abbruchsignale (Schnauzengriff, auf den Boden drücken) und die eindeutigen Drohsignale (Nasenrunzeln, Lefzenanheben, Drohknurren) der erwachsenen Hunden müssen die Welpen beobachten und beachten lernen. Die erwachsenen Hunde zeigen nun, dass das Leben in einer sozialen Gemeinschaft nur mit klaren Regeln funktioniert und nicht ausschließlich aus Spiel und Spaß und reiner Freude besteht. Welpen versuchen von der ersten Sekunde an, auch uns zu testen. Deshalb wehret den Anfängen mit artgerechter Konsequenz.

WICHTIG

Hunde lernen durch

- gedankliche Verknüpfung (Assoziation),
- wiederholten Erfolg oder Misserfolg,
- Beobachten und Imitation.

HANDSCHEUE

Oftmals hört man, dass die Hand des Menschen nicht streicheln und ebenfalls strafen darf, denn der Hund würde solch widersprüchliches Verhalten nicht verstehen und deshalb mit Handscheue reagieren. Doch wenn man Verhalten in der Wolfs- bzw. Hundewelt beobachtet, sieht man, dass über direkten Körpereinsatz Schnauzenzärtlichkeiten, Beschwichtigungen und Unterwerfungen gezeigt werden, aber auch Dominanz durchgesetzt wird. Die Schnauze leckt, die Schnauze straft – und damit hat kein Hund ein Problem. Verhaltensweisen also, die man auch schon im Spiel der Welpen untereinander beobachten kann.

1 Beschwichtigung des Welpen der Hündin gegenüber; er leckt ihr die Lefzen.

2 „Nein!“ Eindeutige Körpersprache unter Hunden.

3 Wer nicht hören will …

Kommunikation mit dem Menschen

> **WICHTIG**
>
> **Klare Sprache!**
> Kommunizieren Sie mit Ihrem Welpen immer über ein eindeutiges „Ja“ oder „Nein“. Ein „Jein“ gibt es nicht!

Genauso, wie die erwachsenen Hunde im Rudel, sollten nun auch Sie reagieren. Teilen Sie Ihrem Welpen unmittelbar mit, wenn er etwas richtig macht, aber auch, wenn er etwas macht, das Sie nicht wünschen. Der Welpe lernt auch in der menschlichen Gemeinschaft über Erfolg und Misserfolg; durch Versuch und Irrtum; über es geht oder es geht nicht! Ein bisschen falsch oder in etwa richtig kennt der Welpe nicht. Lassen Sie deshalb niemals „fünfe gerade sein“! Der Welpe versteht nur gegensätzliche Zustände wie z. B. richtig/falsch, ja/nein oder positiv/negativ. Dieses Wissen gibt uns die Möglichkeit, mit wenigen Signalen eindeutig mit dem Welpen zu kommunizieren.
Der Retriever wird die Erfahrung machen, dass, wenn er sein Verhalten ändert, sich auch unsere Antworten verändern. Achten Sie jedoch darauf, dass Sie immer ähnlich reagieren, denn nur so werden Sie für Ihren Welpen berechenbar, nur so hat er die Möglichkeit zu verstehen, was Sie von ihm erwarten.
Kommuniziert man mit dem Welpen über ein positives und negatives Signalpaar, kann man sich mit ihm auf einer freundschaftlichen Teambasis verständigen und nicht wie einst bei der „par force“-Erziehung (= mit Gewalt) über ein Herrscher-Sklaven-Gefälle. Für die Retrieverarbeit braucht man einen Teamgefährten und keinen unterwürfigen Hund. Man braucht einen Partner, der freiwillig mit dem Menschen zusammenarbeiten möchte, der, wenn es nötig ist, aber auch eigenständig sein kann. Einen Hund, der aufgeschlossen und clever versucht, Dinge zu meistern. Wenn man mit dem Hund positiv/negativ kommuniziert, dann lernt er schnell, dass es von Vorteil ist, mit dem Menschen zusammenzuarbeiten. Arbeitet der Hund in der Entfernung, so kommuniziert man über verbale Signale (siehe auch Clicker, S. 37). Für eine richtig erbrachte Handlung rufe ich ein freundliches „Fein“ oder „Gut so“; für eine falsch bzw. nicht richtig erbrachte Handlung hört er ein unfreundliches „eejjjhhh“ oder „Nein“.

1 Der Flatcoated Retriever wartet, bis er das Signal zum Apportieren bekommt.

2 In schnellem Galopp geht es in Richtung Dummy.

3 Die Fallstelle wird anvisiert und das Apportel aufgenommen.

4 Auf direktem Weg geht es zurück zur Hundeführerin.

Klare Kommunikation zwischen Mensch und Welpe

Stellen Sie sich eine Waage vor; eine Waagschale für positive und eine Waagschale für negative Einwirkungen! Wirkt der Mensch negativ ein, so wird sich die eine Waagschale nach unten bewegen. Um die Waage wieder ins Gleichgewicht zu bringen, muss dann in die andere Waagschale ein Lob bzw. eine Bestätigung geworfen werden.

Gestalten Sie Ihre Kommunikation und Ihren Trainingsaufbau so, dass die Waage stets ausgeglichen ist. Teilen Sie dem Welpen unmittelbar mit, was richtig und was falsch ist. So versteht er, was Sie von ihm wollen, und erhalten seine Bereitschaft und Motivation, mit Ihnen zusammenzuarbeiten. Müssen Sie zu oft korrigieren (negativ einwirken), dann ist die Aufgabe zu schwer angesetzt, der Welpe wird demotiviert und verliert die Lust an der gemeinsamen Arbeit. Überdenken Sie Ihren Trainingsaufbau – lernen ist die Politik kleiner Schritte. Gestalten Sie die Aufgaben so, dass der Welpe die Möglichkeit hat zu verstehen, was Sie von ihm erwarten. Am schnellsten lernt er, wenn er über positive Bestätigung erfährt, dass es richtig ist, was er macht. Je öfter er für die Ausführung belohnt wird, umso zuverlässiger wird er das erwünschte Verhalten zeigen.

TIPP

Stimmungslage

Hunde achten bei ihrem Menschen auf die

- Körperhaltung
- Stimmlage
- Körpergerüche

Hunde haben ein sehr feines Gespür für unsere Stimmungen. Ist der Mensch gestresst oder schlecht gelaunt, dann wird der Lernerfolg beim Hund ebenfalls schlecht oder gar nicht vorhanden sein.

TIPP

Tonlage und Timing
Kommentieren Sie das Verhalten Ihres Hundes so, wie ein guter engagierter Sportreporter ein Fußballspiel kommentiert. Dann sind Lob und Tadel zeitnah und auch korrekt in der Tonlage. Um die Aktivität zu fördern, wählen Sie kurze wiederholt freundliche Töne – um eine Aktivität zu unterbinden, einzelne lange tiefe unfreundliche Töne.

Regeln der Kommunikation

Auf das Timing kommt es an

Die Belohnung und auch die Korrektur müssen unmittelbar, d.h. bis zu max. zwei Sekunden nach dem Verhalten, erfolgen. Nur dann kann der Hund die Belohnung bzw. die Korrektur und sein Verhalten in Zusammenhang bringen. Mit dem richtigen Timing kann man das Verhalten des Hundes gezielt formen, er weiß immer, ob er sich momentan richtig oder falsch verhält. Je nach Bedarf muss man jedoch blitzschnell zwischen positiv und negativ hin- und herschalten. Am besten ist es, wenn man bereits den Ansatz eines Verhaltens mit einem Falsch- bzw. Richtig-Signal belegt.
Wichtig dabei ist, dass der Mensch im richtigen Moment reagiert. Häufig kommt das Lob oder die Maßregelung nicht mit der erforderlichen Schnelligkeit, sodass der Welpe dann seine (Un-)Tat und das Lob bzw. die Strafe nicht mehr in Verbindung bringen kann. Die Folge ist, dass er nicht versteht, was der Mensch eigentlich von ihm will und dadurch die Beziehung Mensch-Hund negativ beeinträchtigt wird.

Der Ton macht die Musik

Der Welpe versteht den Inhalt unserer Worte nicht. Deshalb ist es wichtig, dass der Tonfall entsprechend der Signalbedeutung gewählt wird. Wichtig dabei ist der blitzschnelle Wechsel von der freundlichen zur unfreundlichen Stimmlage und umgekehrt. Der Welpe hat so die Möglichkeit, eindeutig zu verstehen was wir ihm mitteilen wollen.
Für eine richtig erbrachte Handlung erfolgt das Lob in freundlicher, hoher, lobender Stimmlage. Hunde empfinden hohe Töne als angenehm und freundlich. Sinn und Zweck des Lobens ist dem Welpen zu zeigen, dass das Verhalten, das er gerade gezeigt hat, richtig war. Für ein Verhalten, das wir nicht akzeptieren möchten, korrigieren wir ihn in unfreundlicher, tiefer, knurrender Stimmlage. Die Korrektur soll das momentan gezeigte Verhalten des Hundes abbrechen.
Früher ging es auf den Hundeplätzen zu wie auf dem Kasernenhof. Dies ist aber gar nicht nötig, denn Hunde haben ein ausgesprochen feines Gehör. Je leiser man mit dem Welpen spricht, umso aufmerksamer wird er sein. Zudem hat man dann immer noch die Möglichkeit, durch das Variieren der Lautstärke das Signal zu verstärken. Schreit man immer mit seinem Welpen herum, dann hat man nicht mehr die Möglichkeit, Signalen in brenzligen Situationen mehr Ausdruck zu verleihen. Man hat das Limit bereits erreicht.

1 **Eine zu dominante Körpersprache des Hundehalters – dem Welpen ist es sichtlich unangenehm.**
2 **Begeben Sie sich auf Höhe des Hundes, dann loben Sie richtig.**

Loben – aber richtig

Ihr Lob muss so ausfallen, dass es für Ihren Welpen angenehm ist. Beobachten Sie ihn genau:

- Empfindet er Ihr Lob als etwas Angenehmes, dann wird er es freudig annehmen und Kontakt zu Ihnen suchen. Sie werden das Gefühl haben, dass er vor Stolz fast platzt. Er ist stolz darauf, etwas für Sie richtig gemacht zu haben.
- Empfindet er Ihr Lob als etwas Lästiges, wird er versuchen, sich zu entziehen. Er wird Ihnen ausweichend begegnen, sich ducken und keinen glücklichen Eindruck machen. Haben Sie das Gefühl, dass er Ihrem Lob ausweicht, dann loben Sie falsch.

Probieren Sie aus, was Ihr kleiner Kerl als angenehm empfindet. Passen Sie Ihr Lob der Persönlichkeit Ihres Welpen an. Er darf es auf keinen Fall als lästig empfinden. Manche Hunde reagieren sehr gut auf Leckerchen, andere wollen Leckerchen erst gar nicht annehmen. Manche Hunde freuen sich über eine überschwängliche Streicheleinheit, anderen ist das eher unangenehm, angefaßt zu werden. Sie mögen es nicht, wenn man sie streichelt, solange sie sich auf etwas konzentrieren. Auch das verbale Lob muss an den Typ Ihres Welpen angepasst werden. Bei manchen Hunden reicht ein freundliches lobendes Wort, andere brauchen förmlich eine verbale Lobeshymne. Manchmal ist weniger Lob mehr, denn es gibt Hunde, die durch zu viel Lob außer Rand und Band geraten. Andere wiederum müssen mit Lob überschüttet werden, um zu Höchstformen auflaufen zu können.

WICHTIG

Körperhaltung
Achten Sie unbedingt darauf, dass Sie sich beim Loben nicht zu sehr über Ihren Welpen lehnen und so eine dominante Körperhaltung einnehmen. Setzen Sie sich am besten zu ihm auf den Boden, begeben Sie sich auf seine Höhe.

1

2

BEISPIELE FÜR GUTES LOBEN

Folgendes hat sich bewährt:

- Leckerchen bei Übungen, bei denen es um Genauigkeit geht.
- Spiel bei Übungen, deren Ziel die Schnelligkeit ist.
- Übungen zur Selbstdisziplin wie z. B. Steadiness-Übungen sollten mit einem ausgelassenen Spiel beendet werden, um eventuell aufgestaute Spannung wieder abzubauen.

Lob zu Beginn der Lernphase

Zu Beginn der Lernphase reicht ein rein verbales Lob alleine nicht aus. Das gesprochene Lob muss mit einer für den Welpen wichtigen Motivation positiv verstärkt werden. Diese Motivation kann, wenn er gerne frisst, ein Leckerchen sein, wenn er gerne spielt, ein Spiel sein, oder wenn er Streicheln sehr genießt, auch Streicheln sein. Die Motivation muss auf jeden Fall so sein, dass der Welpe diese gerne haben möchte, sonst wäre es ja auch keine Belohnung. Für die Motivation des Hundes ist die Belohnung von größter Wichtigkeit. Versteifen Sie sich nicht auf eine Art und Weise der Belohnung. Um die Spannung zu erhalten sollten Sie unvorhersehbar immer zwischen den Motivationsbereichen hin und her wechseln.

Zu Beginn der Lernphase bestätigen Sie den Welpen, wenn er etwas richtig gemacht hat, jedes Mal mit einem ausgiebigen Lob. Führt Ihr Welpe die Übung zuverlässig aus, dann hat er verstanden. Nun können Sie die Belohnung nach und nach reduzieren. Belohnen Sie nur noch eine absolut korrekt ausgeführte Übung. Funktioniert auch das, dann schleichen Sie sich aus dem Belohnen langsam heraus, indem Sie nach dem Glücksspielprinzip belohnen (einmal wird belohnt, ein anderes Mal nicht).

Belohnung sollte keine Bestechung sein

Achten Sie darauf, dass die Belohnung nicht zur Bestechung wird. Belohnen Sie nur bereits erbrachtes Verhalten; locken Sie den Welpen niemals mit einem Leckerchen, denn dann ist dies keine Belohnung, sondern eine Bestechung. Zu schnell durchschaut Ihr Welpe diese Aktion und wird die von ihm erwartete Leistung nur noch erbringen, wenn er die Belohnung bereits sieht. So wird nicht Ihr Signal zum Auslösereiz, sondern die Belohnung.

Nach Beendigung einer Übung ist Zeit für Entspannung und ausgiebige Streicheleinheiten.

CLICKERTRAINING

Das Clickertraining ist eine sehr populäre Ausbildungsmethode, welche rein über positive Verstärkung arbeitet. Der Clicker ist eine Art Knackfrosch. Wenn man ihn drückt, ertönt das typische „Klick-Klack"-Geräusch. Er wird als sogenannter positiver Verstärker benutzt. Um diesen einsetzen zu können, muss er vorher beim Hund eingeführt d.h. konditioniert werden. Mit dem Clicker hat man ein Instrument an der Hand, der dem Hundehalter ermöglicht, den Hund auch in Entfernung punktgenau ohne zeitliche Differenz zu bestätigen, wobei der Click vom Hund als Vorbote der Belohnung verstanden wird. Der Click kündigt dem Hund an: „Dein Verhalten ist richtig. Jetzt gibt es dafür eine Belohnung."

Konditionierung des Clickers

Den Welpen auf den Clicker zu konditionieren ist sehr einfach. Man braucht dazu den Welpen, den Clicker und Leckerchen. Man nimmt in die eine Hand den Clicker und in die andere das Leckerchen. Wenn der Welpe direkt bei uns ist, kann es losgehen: Click und dann eine Belohnung und weiter geht's... Click – Belohnung, Click – Belohnung, Click – Belohnung. Der Welpe begreift schnell, dass der Click ein Leckerchen bedeutet.
Ob Ihr Hund verstanden hat, können Sie ganz einfach überprüfen. Warten Sie, bis Ihr Welpe sich z.B. hinsetzt, dann clicken Sie einmal. Schaut er Sie danach erwartungsvoll an, um das Leckerchen zu bekommen, dann hat er verstanden. Wenn nicht, benötigt er noch einige Click – Belohnungen. Der Welpe muss nur verknüpfen, dass das Click eine Belohnung bedeutet. Der Click belohnt ihn für die momentan gezeigte Handlung, auch wenn er das Leckerchen erst viele Sekunden später bekommt. Der Welpe verknüpft die Belohnung mit der Handlung. Für das Erlernen des Grundgehorsams ist der Clicker sehr hilfreich. Doch man muss absolut auf die Sekunde genau clicken, sonst hat man schnell eine falsche Handlung positiv verstärkt.

Für und Wider

Beim klassischen Clickertraining werden alle unerwünschten Handlungen des Hundes ignoriert und nur erwünschte Handlungen (beginnend mit Verhalten, das in die Richtung des gewünschten Verhaltens geht) mit einem Click (mit späterer Belohnung) bestätigt. Das Verhalten wird so geformt, also schrittweise zum erwünschten Zielverhalten gelenkt (= Shaping). Mit dieser Methode wird der Hund animiert aktiv auszuprobieren, welche Handlungen erwünscht sind, um dann belohnt zu werden. Er lernt, wenn er neues Verhalten anbietet, dann besteht die Möglichkeit, dafür belohnt zu werden. Möchten Sie mit Ihrem Hund retrievertypisch arbeiten, dann möchte ich genau vor diesem Ausprobieren warnen. Der Retriever muss als Allererstes lernen, ruhig abzuwarten, bis er die Erlaubnis bekommt etwas zu tun. Das wichtigste Lernziel eines Retrieverwelpen ist daher das Warten zu lernen. Er muss lernen zu entspannen und abzuschalten, er muss lernen nur aktiv zu sein, wenn sein Mensch es erlaubt. Leicht erkennen kann man, dass beim klassischen Clickertraining das Gegenteil von dem, was bei der Retrieverarbeit erwünscht ist, gefördert wird.
Ich halte das Clickertraining für eine sehr gute Methode, nutze jedoch nur den Teil, der für die Retrieverarbeit sinnvoll ist – positive Verstärkung auf Entfernung beim Grundgehorsam. Ich ziehe es aber vor, statt dem Clicker meine Stimme zu benutzen. Auch über die Stimme kann ich auf Entfernung mit meinem Hund kommunizieren und ihm auf die Sekunde genau und somit zeitnah mitteilen, was er richtig und was er falsch gemacht hat. Dafür führe ich wie beim Clickern einen verbalen positiven Verstärker ein. Bestimmt werden einige Clickeranhänger dieser Aussage widersprechen, denn natürlich wird meine Stimme, bedingt durch meine Gefühlsschwankungen, nicht immer gleich erklingen, auch wenn ich mich noch so bemühe. Emotionen werden immer mehr oder weniger mit einfließen. Jedoch bin ich der Auffassung, dass ein guter Hundeführer seine Stimme so weit im Griff haben muss, dass Schwankungen nicht gravierend sind. Als Nachteil nehme ich dies gerne bewusst in Kauf, aber ich habe dafür den Vorteil, beide Hände frei zu haben, was für das exakte Führen des Retrievers (Markierungen, Einweisen, Verlorensuche) unabdinglich ist.

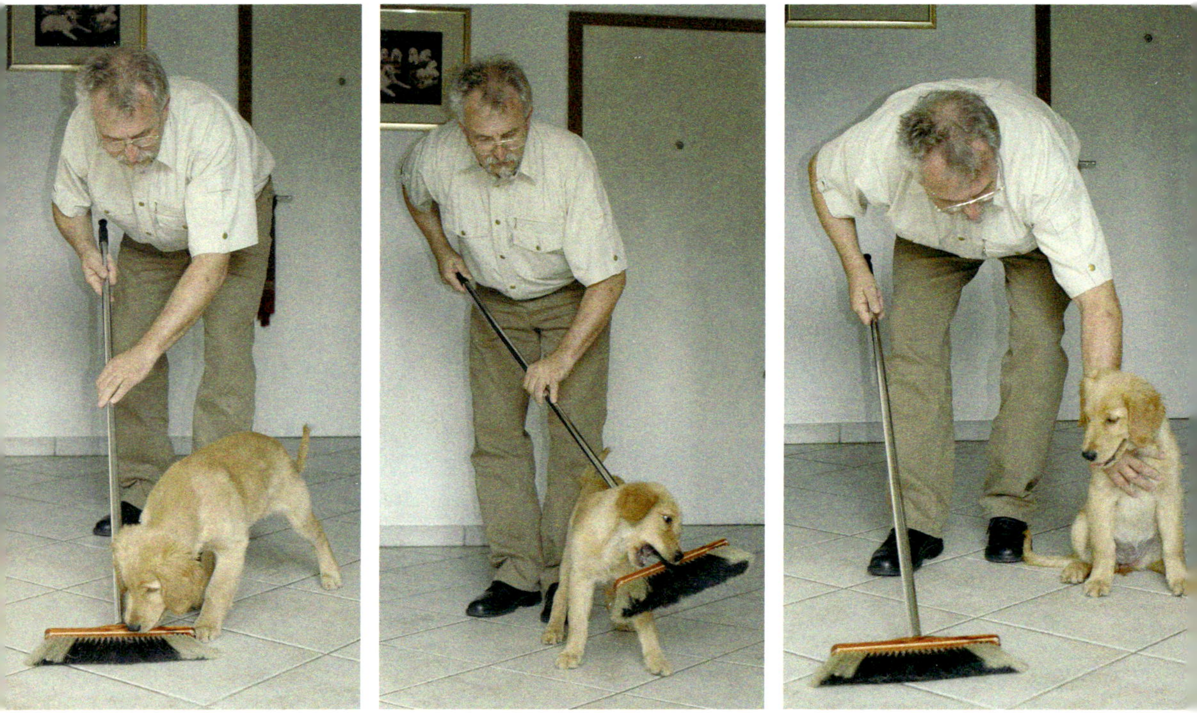

Tut Ihr Welpe etwas Verbotenes, dann müssen Sie ihm unmittelbar und eindeutig mitteilen, dass dies nicht erlaubt ist.

Tadeln – aber wie?

Handlungsweisen des Welpen, die nicht erwünscht sind, muss der Hundehalter abbrechen bzw. unter ein Verbot (Tabu) stellen. Unerwünschte Handlungsweisen müssen Sie immer und nicht nur zeitweise unterdrücken – seien Sie konsequent. Ihr Welpe versteht nur, wenn Sie jedes Mal vergleichbar reagieren; nur wenn Sie eindeutig sind, kann er verstehen und lernen, was Sie von ihm erwarten. Aber hüten Sie sich vor menschlichen Emotionen wie Rache, Aggression, Zorn, Stress. All das kennt der Hund nicht. Reagieren Sie deshalb überlegen und gerecht, so wie man es von einem Leitbild erwarten kann, dann wird der Welpe Ihre Autorität (positive Dominanz) gerne anerkennen.

WICHTIG

Lob und Tadel

Der richtige Zeitpunkt (Timing) von Lob und Tadel entscheidet über Erfolg und Misserfolg in der Erziehung des Welpen. Der Hund kann nur Dinge verknüpfen, die fast gleichzeitig passieren. Innerhalb von 0,5 bis 2 Sekunden müssen Sie reagieren, damit er Sie versteht.

Hundeerziehung Früher und Heute

Früher waren Strafen wie Schlagen und Schimpfen in der Hundeerziehung an der Tagesordnung. Der Hund wurde eher körperlich gestraft als gelobt, man wollte ihn aktiv unterwerfen. Die Korrektur eines Verhaltens sollte jedoch keine körperliche Einwirkung (Leinenruck, Stachelhalsband, Teletakt) sein. Hier reagieren Hunde sowieso eher auf die Drohgebärden des Menschen als auf den Schmerz durch die Schläge; Hunde haben ein anderes Schmerzempfinden als wir Menschen.

Heute hat sich die Einstellung zur artgerechten Hundeerziehung stark verändert. Erziehungsmethoden, welche nur über positive Motivation arbeiten, werden propagiert, was sehr lobenswert ist. Doch nur über die antiautoritäre Schiene, nur über Motivation kann man einen Hund nicht erziehen. Der Welpe muss, genau wie auch Kinder, lernen, dass bestimmte Grenzen einzuhalten sind, und diese Grenzen muss man ihm klarmachen.

WICHTIG

Intensität der Korrektur
Wenn Sie zweimal für das Gleiche negativ einwirken müssen, dann ist die Intensität der Korrektur falsch gewählt. Die Intensität der Korrektur muss dem jeweiligen Verhalten angepasst sein. Durch die Korrektur muss das Verhalten nachhaltig abgebrochen werden.

Korrekturen angemessen und gerecht

Lerninhalte sollten unbedingt über positive Motivation vermittelt werden. Spaß am Lernen ist oberstes Gebot. Deshalb muss das Training so aufgebaut sein, dass der Welpe eigentlich nichts falsch machen kann. Sollte er dennoch etwas Unerwünschtes tun, muss man ihm eindeutig mitteilen, dass er sich momentan auf dem Holzweg befindet. Er bekommt durch einen negativen Verstärker und die Stimmlage direkt mitgeteilt, dass dieses Verhalten nicht akzeptiert wird.
Wenn der kleine Schlingel nun etwas Unerwünschtes tut, dann nehmen Sie ihn einfach hoch und bringen ihn vom Tatort weg. Sie können den Frechdachs auch einfach leicht wegschubsen. Benutzen Sie dabei als Verbotsverstärker ein unfreundliches, tiefes „Nein“ oder „eeejjhhh“. Seien Sie konsequent – aber kein Zorn, keine langen Beschuldigungsreden, keine Grobheit. Unterbrechen Sie das unerwünschte Verhalten des Welpen.
Härteste Strafen, die nur im Notfall angewandt werden sollten, sind ein Im-Nacken-Herunterdrücken (nicht am Nackenfell packen und schütteln) oder ein nachgeahmtes Über-die-Schnauze-Beißen (Schnauzengriff). Um den Schnauzengriff auszuführen, greifen Sie von oben mit der Hand über die Schnauze des Welpen, halten diese kurz fest und drücken sie etwas nach unten. Kommentieren Sie Ihre Aktion immer mit einem strengen, unfreundlichen „Nein“.

Schnauzengriff

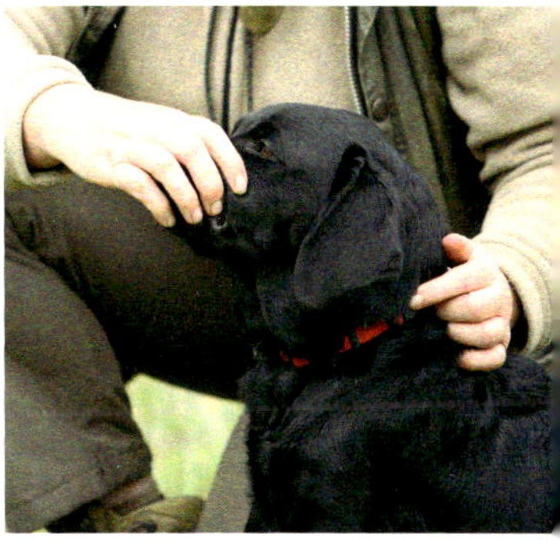

Im-Nacken-Herunterdrücken (nicht im Nackenfell packen und schütteln!)

Regeln der Hundeausbildung

WICHTIG

Aufrichtigkeit
Hunde sind Weltmeister im Beobachten! Deshalb ist es sehr wichtig, dass Sie im Grunde Ihres Herzens meinen, was Sie zu Ihrem Hund sagen. Lob oder Tadel sollte niemals zur Pflichtübung werden. Spielen Sie kein Theater – der Welpe merkt schnell, wenn Sie es nicht ehrlich meinen.

Hörzeichen

Jedes Wort, jedes Signal ist für den Welpen zunächst bedeutungslos. Auch die Worte für Lob und Tadel muss er erst lernen. Neben der Klangfolge des Wortes nimmt der Welpe auch unsere jeweilige emotionale Stimmung auf. Ist unsere Stimmung positiv, wird das Signal positiv geprägt, ist unsere Stimmung negativ, wird es negativ geprägt. Deshalb müssen wir lernen, mit unserer Stimme richtig umzugehen. Ein Lob muss immer mit freundlicher, hoher Stimme ausgesprochen werden und eine Korrektur immer mit tiefer, unfreundlicher Stimme. Gehen Sie eindeutig mit Ihrer Stimme um, machen Sie es Ihrem kleinen Retriever leichter zu verstehen, was Sie von ihm erwarten. Signale, also Worte, auf die hin der Welpe etwas tun muss, d. h. ein bestimmtes Verhalten zeigen sollte (z. B. sich hinsetzen, wenn man „Sitz" sagt), müssen freundlich ausgesprochen werden, damit er sie auch gerne ausführt.

Der Welpe verknüpft das Erlernte auch mit Ihrer momentanen Stimmung. Deshalb sollten Sie Lerninhalte immer positiv vermitteln. Beim Hören des Signals soll der Welpe in eine positive Erwartungshaltung versetzt werden,damit er dieses auch bereitwillig und freudig ausführt.

Zuordnung von Signalen und Verhaltensweisen

Als Signale für bestimmte Handlungen sollten Sie immer dieselben Worte verwenden. Auch wenn für uns „Sitz" dasselbe bedeutet wie „Bitte setz dich" oder „Mach doch mal Sitz", so sind es für den Welpen unterschiedliche Klangfolgen. Überschütten Sie Ihren Hund deshalb nicht mit einem Wortschwall. Einzelne Wörter mit klaren Ansagen versteht er besser als lange Sätze. Verbinden Sie die Signale bewusst mit Gesten (Körpersprache). Der Kommunikationsschwerpunkt der Hunde liegt auf der Körpersprache, weshalb Hunde auch bei uns stark auf unsere Gesten und Handzeichen achten.
Erst über Erfahrung lernt der Welpe bestimmte Handlungen mit bestimmten Wörtern zu verknüpfen. Hat er mehrfach erfahren, dass bei diesem Wort ein bestimmtes Verhalten von ihm erwartet wird und wurde für die Ausführung kräftig gelobt, dann hat er den Zusammenhang zwischen Signal und Verhalten gelernt.

SIGNALE

„Hier" ▸ Herankommen
„Sitz" ▸ Hinsetzen
„Platz" ▸ Hinlegen
„Fuß" ▸ bei Fuß gehen
„Steh" ▸ Hinstehen

„Nein" ▸ Abbruchsignal
„Gut gemacht" ▸ Lob

Aufbau des Welpentrainings

Da wir dem Hund nicht verbal erklären können, was wir von ihm erwarten, und er uns auch nicht sagen kann, ob er das, was wir von ihm wollen, auch verstanden hat, ist das Lösen bzw. das Nichtlösen einer Aufgabe der wichtigste Hinweis, ob er uns bzw. die Aufgabe verstanden hat.

- Löst der Welpe die Aufgabe, dann haben wir einen Indiz dafür, dass er die Aufgabe verstanden hat.
- Löst er die Aufgabe nicht, dann ist die Wahrscheinlichkeit groß, dass er die Aufgabe nicht verstanden hat bzw. wir die Anforderungen zu hoch angesetzt haben. Suchen Sie den Fehler auf jeden Fall erst einmal bei sich und Ihrer Aufgabenstellung. Gehen Sie in diesem Fall eine oder mehrere Trainingsstufen zurück. Gestalten Sie die Aufgabe einfacher, damit der Welpe die Möglichkeit hat, Sie zu verstehen und lernt, was Sie von ihm erwarten.

Beim Apportieren beginnt man am besten mit einem Spielzeug, das der Welpe besonders mag.

Länge der Trainingseinheit

Erfolg motiviert! Über den Erfolg steigert man mehr und mehr die Bereitschaft des Welpen, mit dem Menschen zusammenzuarbeiten. Er lernt über den Erfolg, was wir von ihm erwarten. So lernt er z. B. das Signal („Such") mit der Aktion (zu suchen) zu verknüpfen.
Um den Welpen zu motivieren, sollte die Trainingseinheit mit einer Übung beginnen, die er zu 100 % kann. Steigern Sie im Laufe der Trainingseinheit langsam die Anforderungen. Beenden Sie die Trainingseinheit, wenn es am besten klappt. Hören Sie niemals mit einer fehlerhaften Übung auf. Die Trainingseinheit sollte mit einem Erfolgserlebnis beginnen und mit einem Erfolgserlebnis enden. So bleibt dem Welpen die Beschäftigung mit Ihnen positiv in Erinnerung, und er ist für das weitere Training motiviert.

AUSDRUCKSVERHALTEN

Das Sozialverhalten des Hundes wird zum wesentlichen Teil durch Konfliktvermeidung bestimmt. Entsteht ein Konflikt, dann liegt der Fehler meist bei uns selbst. Der Welpe zeigt Beschwichtigungssignale. Hunde gähnen nicht nur, wenn sie müde sind, sondern auch, wenn sie Spannung abbauen wollen. Die meisten Signale des Hundes haben je nach Situation eine andere Bedeutung als wir ihnen zuordnen. Beschwichtigungssignale sind z. B.:

- den Kopf oder Körper abwenden
- sich über die Nase lecken
- erstarren oder extrem langsame Bewegungen
- wedeln
- hinsetzen und hinlegen
- gähnen
- im Bogen gehen
- am Boden schnüffeln
- Pfote heben
- blinzeln

Keine Zeit für Langeweile

Wiederholen Sie eine erfolgreiche Übung niemals in der gleichen Weise. Variieren Sie den nächsten Schritt immer etwas, damit es für den Welpen spannend bleibt. Wiederholt man eine Übung immer und immer wieder, wird auch das spannendste Training mit der Zeit langweilig. Die Bereitschaft, die Aufgabe auszuführen, nimmt ab, der Welpe verliert das Interesse. Wandeln Sie das Training deshalb leicht ab, steigern Sie die Anforderung in kleinen Schritten. So erhalten Sie die Spannung aufrecht und vermitteln Ihrem Welpen immer deutlicher, was Sie von ihm erwarten. Eine Übung kann man variieren:

- indem man die gleiche Handlungsabfolge an unterschiedlichen Orten abfragt, d. h. das Gelände variiert.
- indem man die Anforderungen langsam steigert, d. h. das Gelände schwieriger wählt, Entfernungen oder Ablenkungsreize steigert.
- indem man einmal mit Handzeichen und mit verbalem Signal die Übung abfragt und einmal nur mit Handzeichen oder nur mit verbalem Signal. So stellt man sicher, dass der Welpe lernt, auf was genau es Ihnen ankommt.
- indem man die Hörzeichen mit abgewandtem Körper, auf Entfernung, außer Sicht abfragt.

(Aber bitte nicht alles auf einmal, sondern eins nach dem anderen).

Beenden einer Übung im richtigen Moment

Signalisiert uns der Welpe, dass er keine Lust mehr hat, dann haben wir eindeutig zu viel gemacht. Beenden Sie das Training, wenn es am schönsten ist. Ihr Welpe sollte immer mit Eifer bei der Sache sein und mehr wollen. Üben Sie lieber öfter am Tag einige Minuten als einmal am Tag viel zu lange. Kurze Trainingseinheiten lassen sich immer zwischendurch einbauen.

Sinnesleistungen des Hundes

Auch bei unseren domestizierten Haushunden sind die Sinne des Wolfes noch erhalten. Hunde sind Jäger und nehmen ihre Umwelt anders wahr als wir Menschen. Damit keine kommunikativen Missverständnisse entstehen, sollte jeder Hundehalter wissen, welche Sinnesleistungen der Hund vollbringen kann. Beobachten Sie Ihren Hund, wie setzt er seine Nase, sein Gehör oder seine Sehfähigkeit ein?

Kommunikationsfähigkeit

Hunde können nicht sprechen, da sie keine physikalische Kontrolle über ihre Zunge, ihre Lippen und ihre Stimmbänder haben. Mit uns Menschen kommunizieren sie ungefähr auf der Ebene von zweijährigen Kleinkindern und können bis zu hundert Worte unterscheiden lernen. Hinzu kommen unsere Sichtzeichen und Gesten. Hunde reagieren grundsätzlich besser auf unsere Körpersprache, da ihr Kommunikationsschwerpunkt auf der nonverbalen Sprache liegt. Unser Schwerpunkt liegt auf der verbalen Kommunikation. Auch wenn wir unsere nonverbale Sprache oftmals nicht bewusst einsetzen, so reagieren Hunde sehr stark darauf. Wir müssen deshalb lernen, unsere Körpersprache zu beobachten und bewusst einzusetzen. Gelingt uns das, erleichtern wir die Kommunikation zwischen uns und unserem Hund beträchtlich.

Mit allen Sinnen die Welt entdecken.

Hörfähigkeit

Im Niedrigfrequenzbereich haben Hunde in etwa die gleiche Hörfähigkeit wie der Mensch. Im Hochfrequenzbereich sind sie uns allerdings weit überlegen. Hunde sind in der Lage, Töne zu hören, die für das menschliche Gehör im Ultraschallbereich angesiedelt sind. Der Mensch kann Schallwellen mit 12.000 (älterer Mensch) bis 30.000 (jüngerer Mensch) Schwingungen pro Sekunde aufnehmen, der Hund nach neuesten Erkenntnissen sogar bis zu 100.000 Schwingungen pro Sekunde. Er kann Laute hören, die so hoch sind, dass sie von unserem Ohr nicht mehr wahrgenommen werden.

Hunde können Laute aus viermal größerer Entfernung wahrnehmen und auch Tonquellen viermal besser orten. Sie sind in der Lage, Tonhöhen zu unterscheiden, die nur einen Achtel-Ton auseinanderliegen. Man braucht sich deshalb nicht zu wundern oder gar an übersinnliche Fähigkeiten zu glauben, wenn der Hund schon an der Tür steht, um seinen Menschen zu begrüßen, lange bevor wir hören, dass ein Auto überhaupt auf den Hof gefahren ist.

NASEN IM VERGLEICH

Die Nase ist beim Hund viel spezialisierter ausgestattet:

- Größe des Riechepithels (Mensch 5 cm^2 / Hund 150 cm^2)
- Anzahl der darauf befindenden Riechzellen (Mensch 5 Mio. / Hund 220 Mio.)
- Anzahl der Zilien pro Riechzelle (Mensch 6 bis 8 / Hund 100 bis 150)

Nasenleistung

Hunde sind Nasentiere. Sie haben die Fähigkeit, auch kleinste Geruchspartikel wahrzunehmen und können geringe Geruchsnuancen unterscheiden. Sie sind z. B. in der Lage, platt getretene Mikroben oder Hautschuppen von Beutetieren zu riechen. Hunde definieren und beurteilen die Umwelt hauptsächlich mithilfe ihrer Nase. Sogar beim Dösen oder aus dem vollen Lauf heraus können sie geringste Gerüche wahrnehmen. Ähnlich unserem visuellen Gedächtnis bauen Hunde eine Art Duft-Datenbank auf. Sie haben die Fähigkeit, sich an bestimmte Duftstoffe zu erinnern. Deshalb ist es für die Entwicklung des Welpen wichtig, viele Erfahrungen mit seiner Nase zu sammeln. Die Fähigkeit, sich an bestimmte Duftstoffe zu erinnern, trägt wahrscheinlich zu dem sehr guten Orientierungsvermögen bei. Die Riechfähigkeit des Hundes ist durch die Spezialisierung der Hundenase um eine Million mal besser als die des Menschen. Die Luft erreicht das Riechepithel auf einem viel kürzeren Weg. Zudem riechen Hunde stoßweise, damit das Epithel nicht ermüdet (Schnupperatmung).

Sehvermögen

Hunde können sehr gut sehen, doch unterscheidet sich ihr Sehvermögen erheblich von unserem. Ihre Netzhaut hat einen anderen Aufbau, weshalb sie die Welt anders wahrnehmen. Das Sehvermögen des Hundes ist zu 100 % auf die Jagd ausgerichtet.

Dämmerungssehen

Die Augen sind darauf ausgerichtet, in der Morgen- oder Abenddämmerung zu sehen, eben zu den Tageszeiten, in denen Jäger am aktivsten sind. Hierfür weist die Netzhaut mehr Stäbchen auf. Die Stäbchen dienen dem Schwarz-Weiß-Sehen. Hunde können deshalb sogar bei sehr schlechten Lichtverhältnissen sehr gut sehen. Das aufgenommene Bild wird außerdem noch durch eine lichtreflektierende Schicht (Tapetum Lucidum) verstärkt. Diese Schicht befindet sich an der Rückwand des Auges; durch diese reflektierenden Kristalle leuchten auch die Augen des Hundes in der Dunkelheit. Bei Dämmerlicht ist die Sehfähigkeit des Hundes dem Menschen weit überlegen.

1

2

3

4

Die Sehschärfe des Menschen ist wesentlich besser als die des Hundes. Dafür ist der Hund dem Menschen in der Dämmerung überlegen.

Sehschärfe des Menschen
1 bei Tageslicht
2 in der Dämmerung

Sehschärfe des Hundes
3 bei Tageslicht
4 in der Dämmerung

1

2

Farbwahrnehmung (oben)
1 Mensch
2 Hund

Gesichtsfeld (rechts)
1 Hund
2 Mensch

Farbwahrnehmung

Lange Zeit dachte man, auch Hunde seien farbenblind. Inzwischen weiß man jedoch, dass dies nicht der Fall ist. Durch den etwas anderen Aufbau der Netzhaut unterscheidet sich die Farbwahrnehmung des Hundes von der unseren. In der Netzhaut befinden sich Zapfen und Stäbchen. Die Zapfen dienen dem Farbsehen, die Stäbchen sind für das S/W-Sehen verantwortlich. Die Netzhaut des Hundes weist allerdings nicht drei verschiedene Zapfen wie die des Menschen auf, sondern nur zwei. Diese geringere Anzahl ist für die unterschiedliche Farbwahrnehmung verantwortlich. Unsere Hunde sehen die Welt in etwa wie ein Mensch, der an der Rot-Grün-Blindheit leidet.

Bewegungssehen, Sehschärfe und Gesichtsfeld

Hunde sind Bewegungsseher. Auch kleinste Bewegungen können sie in sehr großen Entfernungen wahrnehmen, still stehende Objekte hingegen kaum ausmachen. Sobald das Beutetier zu fliehen versucht, arbeiten ihre Augen jedoch mit größter Leistungskraft. Allerdings hat der Hund ein nicht so gutes binokulares Sehvermögen. Der binokulare Bereich (Bereich, der von beiden Augen gesehen wird), der für die Fähigkeit der Tiefenwahrnehmung verantwortlich ist, ist beim Hund deutlich kleiner. Hier ist der Mensch dem Hund deutlich überlegen. Der Hund kann Entfernungen nicht sehr gut abschätzen und er sieht Dinge in der Ferne besser als in der Nähe. Zudem sieht er weniger scharf als der Mensch. Diesen Mangel kompensiert er mit seinem ausgesprochen guten Geruchssinn. Hunde haben somit nicht die Fähigkeit, Details zu erkennen, sie sehen im Prinzip nur die Silhouette. Versuche haben gezeigt, dass ein Hund schon auf 30 m Entfernung seinen Hundehalter nicht erkennen kann, wenn dieser in einer Gruppe von Menschen steht.

Durch die Kopfform des Hundes sind die Augen seitlicher platziert. Somit hat er ein Gesichtsfeld, das um ca. 70 % breiter ist als unseres (Hund: 250 bis 270 Grad, Mensch: 180 Grad). Das größere Sichtfeld ist für die Jagd sehr hilfreich, denn Hunde können auch noch Dinge ausmachen, die neben ihnen geschehen.

Hunde sind vor allem auf das Bewegungssehen spezialisiert (1 Hund, 2 Mensch).

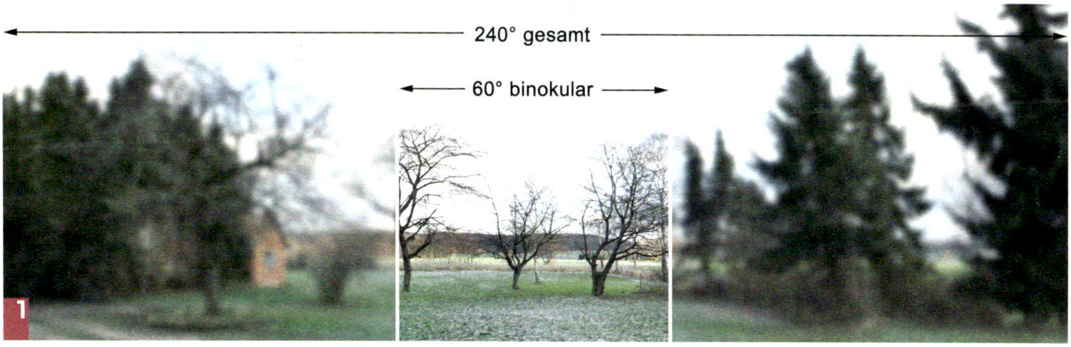

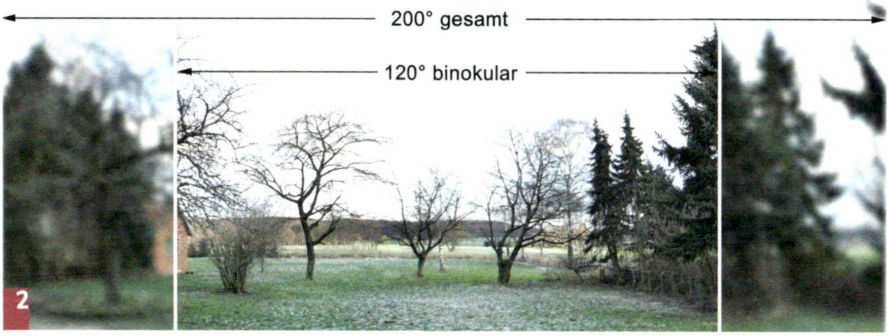

Die 8. bis 12. Lebenswoche (Sozialisierungsphase)

Erfahrungen sammeln

Sobald der Welpe geboren ist, beginnt er zu lernen. Am Anfang sind seine Augen geschlossen, er ist taub und bewegt sich in kreisenden Bewegungen mit jammernden Lauten. Er ist ein kleines hilfloses schutzsuchendes Lebewesen, das in uns Menschen beschützende Mutterinstinkte hervorruft. Beobachtet man die Welpen jedoch genau, bemerkt man, dass sie von der ersten Sekunde an dem Lebenskampf ausgesetzt sind. Durch den täglichen Kampf um die beste Zitze lernen sie den Umgang mit Stress und Frustration. Es besteht also keine Notwendigkeit, den Welpen in Watte zu packen, ganz im Gegenteil: er muss gezielt positive und negative Erfahrungen sammeln.
Jedes Lebewesen, egal ob Mensch oder Tier, muss im Laufe seines Lebens viele Frustrationen bewältigen. Schon der Welpe sollte deshalb gezielt an Frustrationen herangeführt werden, damit er eine Toleranz aufbauen kann.

Entwicklungsphasen

Die Entwicklung des Welpen vollzieht sich in den ersten Lebenswochen rasant schnell. Man unterteilt die einzelnen Abschnitte in Entwicklungsphasen (nach Trumler). Kommt der Welpe mit acht Wochen zu Ihnen, hat er die vegetative Phase (1. und 2. Woche), die Übergangsphase (3. Woche) und die Prägungsphase (4. bis 7. Woche) bereits abgeschlossen. Genauer möchte ich nun auf die Phasen eingehen, die der Welpe nach der Abgabe an seinen neuen Besitzer durchlebt.

WICHTIG

Individuelle Entwicklung
Jeder Hund ist ein Individuum, dies trifft auch für Welpen aus demselben Wurf zu. Die Entwicklungsphasen geben uns wichtige Informationen und Anhaltspunkte, dennoch kann die individuelle Entwicklung eines Hundes davon abweichen. Jeder Hund ist ein Einzelwesen mit individueller Entwicklungsgeschwindigkeit.

SOZIALISIERUNGSPHASE
WAS FINDET IN DIESER ZEIT STATT?

Entwicklung des Welpen

- Die Welpen bewegen sich immer sicherer und erkunden auch die weitere Umgebung des Lagers.
- Sie lernen soziales Verhalten im Rudel.

Aktivitäten des Welpen

- Streiten um Futter
- Fressen in der Gemeinschaft
- Überwindung des Futterneides
- Kampfspiele (Sieger und Verliererrolle werden geübt)
- Meutespiele (Jagdtrieb)
- Tabus werden erlernt
- Korrektur von Fehlverhalten durch andere Rudelmitglieder

Die letzten Tage beim Züchter

Die Welpen erkunden nun die Umgebung um das Lager herum, jedoch immer mit der Möglichkeit, bei eventueller Gefahr schnell zurück in die schützende Behausung oder zu ihrer Mutter zu flüchten. Sie sind immer noch an ihr schützendes Lager gebunden. Mit zunehmender Sicherheit wird der Radius um das Lager herum größer.

Leben in der Gemeinschaft

Nun müssen die kleinen Retrieverwelpen lernen, sich in die Gemeinschaft des Rudels einzufügen. Ein völlig neuer Lebensabschnitt beginnt. Bis ca. zur 7. Lebenswoche hatten sie noch viele Freiheiten, auch bei den älteren Hunden durften sie sich einiges herausnehmen. Das ändert sich nun. Idealerweise übernimmt in dieser Zeit auch der Rüde einen Teil der Erziehung. Die Welpen müssen lernen, sich unterzuordnen. Unterordnung ist nicht in dem Sinne zu verstehen, dass die Welpen vor dem Rudelboss strammstehen müssen, sondern vielmehr, dass sie sich in die Gemeinschaft des Rudels eingliedern. Sie müssen die Regeln lernen, die im Rudel einzuhalten sind. Das gemeinschaftliche Leben kann nur funktionieren, wenn sich jeder an diese Regeln hält.

Welpenspiele – die Sieger- und Verliererrolle wird geübt.

Der Mensch als Sozialpartner übernimmt die Rolle der Althunde. Übermütige freche Welpen weist man am besten sofort artgerecht in ihre Schranken.

Miteinander ist schöner als alleine

In dieser Entwicklungsphase beginnt der Welpe auch das Miteinander zu begreifen. Bis zur 8. Lebenswoche kann man beobachten, dass jeder Welpe für sich selbst spielt. Die Geschwister werden lediglich als Spielobjekt, jedoch nicht als Spielpartner in das Spiel mit einbezogen. Nun reift im Welpen das Verständnis für ein Gemeinsam. Er begreift, dass es viel interessanter und aufregender ist, etwas zusammen zu tun, als sich alleine zu beschäftigen.
Die Prägung des Welpen auf den Menschen als Sozialpartner findet idealerweise in dieser Zeit statt. Jetzt ist es wichtig, dass der kleine Retriever lernt, dass es nichts Schöneres gibt, als mit seinem menschlichen Lebenspartner zu spielen und die Welt kennenzulernen. Diese Eindrücke wird er sein ganzes weiteres Leben nicht mehr vergessen. Zudem eignet sich der Welpe durch das Spiel die Fähigkeit zum Lernen an.

Lernen über Spiel

Im Spiel mit seinen Geschwistern und erwachsenen Hunden lernt der Welpe zwei Dinge: Lernen und Unterordnung. Das Leben im Rudel sollte aber als Leben in einem familienorientierten Sozialverband verstanden werden und nicht als streng hierarchisch organisiert. Mithilfe von gezieltem Spiel lernt der Welpe die Hundesprache. Immer wieder wird ihm auch die Überlegenheit des erwachsenen Hundes klargemacht. So bestimmt dieser ganz eindeutig, wann gespielt wird und wann das Spiel zu Ende ist. Der Schwerpunkt der Erziehung liegt auf dem motivierenden spielerischen Lernen. Über das Spiel wird nicht nur Freude am Lernen vermittelt, es erleichtert dem Welpen auch die Eingliederung in die Gemeinschaft. Dadurch wird er freudig die damit verbundenen Regeln akzeptieren. Diese Art des Spielens sollte von uns kopiert und genutzt werden, um dem Welpen die von uns definierten Regeln im neuen Zuhause verständlich zu machen.

Lernen für die Zukunft

Die Erziehung muss so motivierend und spannend sein, dass unser kleiner Hund gerne das macht, was wir von ihm erwarten. Dies erreichen wir nur, wenn er sich in unserer Nähe sicher und geborgen fühlt. Dann wird er uns vorbehaltlos vertrauen und auf unsere Überlegenheit und Weitsicht bauen. Über erzwungene Unterordnung kann man zwar absoluten Gehorsam erreichen, aber niemals absolute Zuverlässigkeit. Ziel der Erziehung ist somit nicht, einen Sklaven zu schaffen, sondern einen Teampartner.
Wir als Sozialpartner müssen unserem Welpen alle Situationen im Alltag zeigen und ihm die sozialen Spielregeln in unserem Haushalt beibringen. Lassen Sie die Entwicklungsphasen nicht ungenutzt verstreichen, indem Sie Ihren Welpen vor Stress, Lärm und wertvollen Erfahrungen abschirmen. In diesen ersten Lebenswochen kann er wichtige Erfahrungen sammeln, auf die er sein Leben lang zurückgreifen wird. Zu einem späteren Zeitpunkt ist eine Prägung in dieser Qualität nicht mehr möglich. Der Hund kann Versäumtes nur schwer wieder aufholen. Es liegt nun in Ihrer Hand, ob aus Ihrem Welpen ein gut erzogener, sozialisierter und wesensfester Retriever wird, oder ein eher ängstlicher zurückgezogener oder ein unerzogener Köter. Die Prägung des Welpen können Sie als Hundehalter im positiven und negativen Sinn beeinflussen. Zweifellos wird jedes Lebewesen ein Leben lang lernen, aber die beeindruckendste und entscheidende Zeit für einen Hund sind die ersten Lebenswochen.

Welpe auf der Jagd. Anpirschen – erbeuten – apportieren.

Das neue Zuhause

Machen Sie Ihr Haus welpensicher

Bevor Sie den Welpen beim Züchter abholen, sollten Sie Ihr Haus welpensicher machen. Der Welpe untersucht alles, was ihm begegnet. Besonders interessant sind alle Sachen, die nach seinem menschlichen Ersatzrudel riechen. Schuhe, Socken, Unterwäsche, die Handtasche oder die Laptop-Tasche sollten Sie deshalb ordentlich wegräumen, damit Ihr Welpe diese Dinge nicht mit seinen kleinen spitzen Milchzähnchen untersucht und bearbeitet. Wertvolle Teppiche sollten Sie ebenfalls erst einmal einrollen und zur Seite legen. Auch den dekorativen Kleinkram und die Topfpflanzen, die sich in Reichweite des Welpen befinden, sollten weggeräumt werden. Sichern Sie auch alle elektrischen Leitungen und das Telefonkabel. Setzen Sie sich auf den Boden, betrachten Sie aus der Perspektive des Welpen Ihre Wohnung, dann werden Sie schnell sehen, wo Sie etwas verändern müssen. Kurzfristig weichen muss vor allem alles, was für einen nage- und fressfreudigen Welpen lebensgefährlich sein könnte.
Nach ein paar Wochen, sobald sich der Welpe bei Ihnen eingelebt hat, können Sie nach und nach alle Dinge wieder an den gewohnten Platz stellen. Dann kennt er bereits die ersten Erziehungsbegriffe und Sie können ihm klarmachen, dass er diese Dinge nicht als Spiel- oder Kauobjekt missbrauchen darf.

Eingewöhnung braucht Zeit

Der Einzug ins neue Zuhause ist für den Welpen eine gewaltige Umstellung. Alles um ihn herum ist neu und fremd. Lassen Sie ihm Zeit, alles zu verkraften, und überfordern Sie ihn nicht. Auf keinen Fall sollte das in den ersten Tagen aufkeimende Vertrauen mit zu vielen Verboten zerstört werden.
Geben Sie Ihrem Retrieverwelpen einige wenige Dinge zum Spielen und Zerkauen. Als Spielzeug eignen sich am besten Kauseile, Stoff- und Gummigegenstände sowie Bälle, die man im Zoogeschäft erwerben kann. Achten Sie darauf, dass das Spielzeug nicht quietscht. Ein alter Socken, den man ausstopft, oder ein geknotetes Tuch sind auch ideale Spielartikel, die man schnell selbst gebastelt hat. Der Welpe darf mit diesen Gegenständen spielen und sie auch herumtragen. Suchen Sie vorausschauend nur Spielobjekte aus, die Ihr Welpe auch später in seinen Besitz nehmen darf. Alles andere sollte tabu für ihn sein, denn wenn er jetzt mit Schuhen spielen darf, macht er später vor dem neu gekauften Paar auch keinen Halt. Achten Sie darauf, dass er das Spielzeug nicht zerstört, bereits hier sollten Sie mit der Erziehung beginnen. Der kleine Retriever sollte nicht lernen, dass es Spaß macht, auf Apportiergegenständen herumzukauen.

EINKAUFS-LISTE

- Futter- und Wassernapf (empfehlenswert sind höhenverstellbare Futterständer)
- Verstellbares, mitwachsendes Welpenhalsband
- Leichte Leine
- Hundepfeife mit Pfeifenband
- Hundebett / Korb
- Schlafdecke
- Zimmerkennel
- Spielzeug
- Welpendummy
- Hundebürste
- Kamm
- Zeckenzange
- Kauartikel
- Welpenfutter (nach Absprache mit dem Züchter)
- Alte Handtücher zum Abtrocknen

Zum Zerkauen sollten Sie dem Welpen Hundekuchen, Kaustangen, Rinder- oder Schweineohren, Hufe oder getrocknete Rinderhautstreifen zur Verfügung stellen, dann ist er beschäftigt und kann sein Kaubedürfnis an geeigneten Artikeln befriedigen.

Abholen beim Züchter

Mit dem Abholen Ihres Welpen beim Züchter übernehmen Sie die Verantwortung für die weitere Erziehung und die bestmögliche Prägung und Sozialisierung. Mit dem Einzug im neuen Zuhause verändert sich das Leben des Welpen radikal. Seine vertraute Umgebung hat er verlassen, und auch seine Geschwister und seine Mutter sind nicht mehr da. Er wird sich sehr alleine fühlen. Ihr Welpe muss sich nun völlig neu orientieren, er braucht seine Ersatzmeute, den Menschen, der ihm in der neuen unbekannten Umgebung Zuwendung und Geborgenheit gibt. Dies ist Ihre Chance – werden Sie seine Vertrauensperson, sein Sozialpartner, sein Rudelführer, an dem er sich orientieren kann. Nutzen Sie die folgenden Wochen, in denen Ihr kleiner Retriever sehr lernbereit ist und legen Sie den Grundstein für eine solide Grunderziehung. Verschwenden Sie keine Sekunde. Ihre Aufgabe als Hundehalter besteht jetzt darin, ihn optimal zu fördern, ohne ihn dabei zu überfordern.

Nun ist die Zeit für ein neues Zuhause gekommen (ca. 8 Wochen alte Curly-coated Retrieverwelpen).

Nehmen Sie den Welpen immer mit beiden Händen hoch. Greifen Sie dabei mit einer Hand unter den Po und mit der anderen unter seine Brust.

TRAGEN DES WELPEN

Einen Welpen nimmt man immer mit zwei Händen hoch. Mit einer Hand greift man unter den Po und mit der anderen Hand greift man von vorne zwischen den Vorderläufen des Welpen durch ans Brustbein. So kann man ihn sicher hoch und liebevoll in den Arm nehmen. Auf diese Weise haben Sie auch einen zappelnden Welpen gut im Griff. Heben Sie einen Welpen niemals am Nackenfell oder an den Vorderbeinen hoch. Die Schulter- und Ellenbogengelenke sind noch sehr weich und könnten irreparable Schäden davontragen.

Die ersten Tage

Geben Sie Ihrem Welpen ein paar Tage Zeit, sich in seiner neuen Umgebung zurechtzufinden. Verzichten Sie auf eine große Willkommensparty. Ihre Nahbarn und Freunde werden dies sicher verstehen. Es dauert gewiss nur ein paar Tage, bis sich der Welpe in Ihrem Haus eingelebt und Vertrauen zu seinem neuen Rudel gefasst hat. Dann ist immer noch Zeit, das neue Familienmitglied vorzustellen. In den ersten Tagen wird sich Ihr gesamter Tagesablauf mehr oder weniger an den Bedürfnissen des Welpen orientieren. Nehmen Sie sich für die

Ihr Welpe war Tag und Nacht mit seinen Geschwistern zusammen. Nun ist es Ihre Aufgabe, ihm Sicherheit und Geborgenheit zu geben.

ersten Wochen am besten Urlaub und versuchen Sie alle dringenden Verpflichtungen schon vor Ankunft des Welpen zu erledigen. Nutzen Sie die erste Zeit, vermitteln Sie ihm aber auch Geborgenheit, Sicherheit und Wärme. Geben Sie Ihrem Welpen nicht das Gefühl, dass er im Zentrum Ihrer Aufmerksamkeit steht. Er muss jetzt schon lernen, wo sein Platz in seinem menschlichen Ersatzrudel ist. Schenken Sie ihm zu viel Aufmerksamkeit, fühlt er sich sehr schnell als wichtigste Person im Haushalt, und genau das sollten Sie ihm nicht vermitteln.

Grenzen setzen

Zeigen Sie ihm von Anfang an die Grenzen und die sozialen Spielregeln – Tag für Tag und das 24 Stunden lang. Setzen Sie vom ersten Tag an Tabus, Ihr Welpe muss die Grenzen der Welt kennenlernen, in der er nun lebt, diese sind unter Umständen lebenswichtig. Jeder gut geprägte Welpe hat schon beim Züchter erfahren, dass es Grenzen für ihn gibt. Sie als Rudelchef bestimmen, was Sie akzeptieren und was nicht. Was Sie dem Kleinen einmal erlaubt haben, hat er gelernt, und einmal Gelerntes kann man nur noch mit Mühe wieder verändern. Hunde sind Rudeltiere, sie ordnen sich gerne in eine soziale Gemeinschaft ein. Hunde fühlen sich sicher, wenn sie sich an genauen Regeln orientieren können, die ihnen helfen, sich in der Welt zurechtzufinden. Der Welpe wird Ihre Autorität gewiss schnell anerkennen, wenn Sie ihn nicht durch ungerechte und inkonsequente Behandlung demoralisieren und einschüchtern.

WICHTIG

Konsequenz

Konsequenz ist nicht gleich körperliche Härte – Nachlässigkeit und Toleranz wird der Hund als Schwäche auslegen.

Gutes Benehmen von Anfang an

Stubenreinheit

In den ersten zwei bis drei Lebenswochen erfolgt die Ausscheidung des Welpen reflexartig und von ihm nicht steuerbar. Dieser Reflex wird durch Belecken der Mutterhündin ausgelöst. Ab etwa der 3. Lebenswoche ist der Welpe in der Lage, sich gezielt zu lösen, also etwa ab dem Zeitpunkt, ab dem er sich auch gut fortbewegen kann. Von Natur aus versucht er sein Schlaflager nicht zu verunreinigen, oftmals kann man ab diesem Alter beobachten, dass Welpen nun gezielt die Wurfkiste verlassen, um sich außerhalb dieser zu lösen.

Prägung durch den Züchter

Wo sich der Welpe nun löst, wird sein späteres Verhalten prägen (Frühprägung des Welpen). Schon jetzt entwickelt er eine Vorliebe für eine bestimmte Bodenbeschaffenheit. Wird er im Zwinger gehalten und hat nur die Möglichkeit, sich auf Beton zu lösen, wird er auch künftig harten Untergrund bevorzugen. Die Prägung auf einen bestimmten Untergrund, z. B. auf Zeitungspapier, Stoffe, Teppiche, Fliesen, Dielen, Sand, Rindenmulch, Rasen etc. findet jetzt statt. Ebenso wird der Welpe eine Vorliebe dafür entwickeln, ob er sich lieber im Haus oder im Garten löst. Hat er die Möglichkeit, vom Haus in den Garten zu kommen, ist dies von großem Vorteil.
Welpen lernen sehr schnell! Achtet man von Anfang an darauf, dass sie sich auf dem vorbereiteten Löseplatz lösen, kann man bald beobachten, dass die Welpen ihr Spiel unterbrechen, um zu ihrem Löseplatz zu eilen. Auch nachts werden sie den Löseplatz aufsuchen, wenn sie es gewohnt sind und die Möglichkeit dazu haben. Der Züchter leistet somit einen entschiedenen Beitrag zur optimalen Frühprägung in Bezug auf die Stubenreinheit. Wird ein Welpe in dieser Hinsicht optimal geprägt, braucht der neue Besitzer nur dafür zu sorgen, dass sein Hund regelmäßig die Möglichkeit hat, sich im Freien zu lösen.

Nach jedem Fressen, Schlafen und Spielen muss der kleine Kerl ins Freie, um sich zu lösen.

Stubenrein im neuen Zuhause

Die Frühprägung auf einen bestimmten Löseplatz kann nur mit größeren Anstrengungen verändert werden. Fragen Sie deshalb den Züchter, ob er seinen Wurf auf einen bestimmten Untergrund geprägt hat. Lassen Sie sich zeigen, wie die Welpen aufgezogen wurden. Möchten Sie das Verhalten Ihres Welpen ändern, müssen Sie etwas Geduld haben. Werden Sie nicht ungeduldig, wenn die gewünschte Veränderung nicht gleich zu 100 % funktioniert, der Welpe zeigt nur das Verhalten, das er in den ersten Wochen seines Lebens gelernt hat. Sie haben jedoch die Möglichkeit, mit etwas Geduld das Löseverhalten nach Ihren Wünschen zu formen. Ihr Retriever wird sich auch an den

LÖSEPLATZ

Löseplätze sollten so gestaltet sein, dass man diese gut sauber halten kann. Aus erzieherischen und hygienischen Gründen sollten Sie regelmäßig den Kot mit Papiertüchern oder einer Schaufel einsammeln. Der Urin sollte dort schnell versickern. Halten Sie den Löseplatz sauber, sonst sucht sich Ihr Welpe schnell einen neuen sauberen Ort. Desinfizieren Sie diesen auch regelmäßig. Löseplätze kann man im Welpenauslauf, im Garten oder auch auf der Terrasse oder dem Balkon einrichten.

Löseplatz im Haus oder auf dem Balkon

Bewährt haben sich flache große Blumenkastenuntersetzer oder flache Kisten (mindesten 80 x 80 cm), die man preiswert im Gartencenter erwerben kann. Diese Untersetzer werden mit Kleintierstreu befüllt. Ideal als Einstreu sind Pellets aus gepresstem Mais oder Stroh. Sie zerfallen, wenn sie feucht werden. So kann man leicht beurteilen, wann es Zeit für eine neue Einstreu wird.
Beobachtet man, dass sich der Welpe lösen möchte, nimmt man ihn und setzt ihn auf die Kleintierstreu. Durch das nun folgende Lob bestätigt, wird er schnell den Löseplatz akzeptieren und diesen schon bald selbstständig aufsuchen.

Löseplatz im Garten

Im Garten kann man für den Welpen, aber auch für den älteren Hund, einen festen Löseplatz einrichten. Dafür benötigt man eine ruhige Ecke von ca. 4 m^2. Die Erde wird etwa 50 cm tief ausgehoben und mit etwas Gefälle eine Dränage eingebaut. Als unterste Schicht wählt man eine Folie und legt darüber große Steine, obendrauf schüttet man feinen Kies. Auf dem Kies kann man den Kot leicht aufnehmen. Diese Löseplätze sind einfacher sauber zu halten als Gras. Auf Gras kann man Kot nie ganz entfernen, es verbleibt immer ein Rest zwischen den Halmen. Den Kies sollten Sie regelmäßig mit reichlich Wasser wässern, um ihn zu reinigen. Prägen Sie Ihren Welpen auf einen solch speziellen Löseplatz, wird er sich nur dort und nicht im gesamten Garten lösen.

Welpen lernen schnell, dass Gras sich gut zum Lösen eignet. Sie bevorzugen einen Untergrund, auf dem der Urin schnell versickert.

Ort gewöhnen, den Sie ihm zum Versäubern zuweisen. Voraussetzung ist jedoch, dass Sie darauf achten, dass er sich immer dort löst. Sobald Sie merken, dass er nach draußen muss, nehmen Sie ihn auf den Arm. So können Sie verhindert, dass auf dem Weg nach draußen ein Malheur passiert. Tragen Sie ihn zu dem Ort, an dem Sie möchten, dass er sich auch später löst. Jetzt haben Sie auch die Möglichkeit, das Lösen mit einem Signal zu belegen. Oftmals ist es sehr praktisch, wenn der Hund gelernt hat, sich auf Signal zu lösen. Dann braucht man nicht ewig zu warten, bis er so weit ist. Bringen Sie den Welpen auf den ihm bekannten Löseplatz und sagen Sie in dem Moment, in dem er sich zu lösen beginnt, das Signal, z. B. „Mach schnell". Loben Sie ihn, während er sich versäubert.

Wann muss der Welpe nach draußen?

Hunde sind Gewohnheitstiere, sie lieben es deshalb einen geregelten Tagesablauf zu haben. Hat der Welpe feste Fütterungszeiten, wird sich auch die Verdauung bald darauf einstellen. Schnell werden Sie herausfinden, wann sich Ihr Welpe lösen muss. Beobachten Sie ihn genau – wird er unruhig und beginnt zu suchen oder dreht sich im Kreis, dann ist dies ein sicheres Zeichen dafür, dass er nach draußen muss. Der Zimmerkennel kann ebenfalls eine wertvolle Hilfe sein (siehe S. 62).

WICHTIG

Rasenfläche
Möchten Sie später nicht, dass sich Ihr Hund auf dem gepflegten Rasen in Ihrem Garten löst, dann sollten Sie es auch dem Welpen nicht gestatten. Richten Sie ihm einen Löseplatz ein, den er immer benutzen darf.

Regeln für das Hinausgehen

Ganz wichtig ist, dass Sie als Vertrauensperson Ihren Welpen nach draußen bringen und auch bei ihm bleiben, bis er sein Geschäft erledigt hat. Geben Sie ihm durch Ihre Anwesenheit Sicherheit, insbesondere in der dunklen Nacht. Sonst passiert es schnell, dass der Welpe nicht draußen, sondern auf dem Weg in die sichere und bekannte Wohnung sein Geschäft verrichtet.

TAGSÜBER Der Welpe muss sich immer nach dem Schlafen, nach dem Fressen und nach einem aufregenden Spiel lösen. Auf jeden Fall sollte er regelmäßig alle ein bis zwei Stunden ins Freie gebracht werden. Lieber einmal mehr als einmal zu wenig. Um den Überblick im Alltagschaos zu behalten, ist es sehr hilfreich, wenn Sie sich auf einem Zettel notieren, wann Sie mit dem Welpen das letzte Mal draußen waren. Mit zunehmendem Lebensalter verlängern sich die Abstände, in denen er sich lösen muss.

NACHTS Ein 8 Wochen alter Welpe kann noch keine acht bis zehn Stunden durchhalten, deshalb sollten Sie noch einmal spät abends, kurz vor dem Schlafengehen, mit ihm nach draußen gehen und dann noch einmal Mitten in der Nacht. Stellen Sie sich am besten einen Wecker, fals Sie einen zu festen Schlaf haben. Nach und nach können Sie die Zeit verlängern, bis er dann nach einigen Wochen auch die ganze Nacht durchhalten kann. Falls Ihr Welpe mitten in der Nacht unruhig wird, sollten Sie ihn auf jeden Fall hinausbringen, auch wenn

eigentlich noch nicht die Zeit dafür ist. Lassen Sie sich aber auf keinen Fall zu einem Spiel animieren, sondern bringen Sie ihn hinaus und, sobald er sein Geschäft verrichtet hat, wieder hinein. Legen Sie sich wieder ins Bett und beachten Sie ihn nicht, auch wenn er Ihnen signalisiert, dass er jetzt für ein tolles Spiel aufgelegt wäre. Zeigen Sie ihm, dass jetzt Schlafenszeit ist und nicht gespielt wird.

Was tun, wenn etwas daneben geht?

Trotz aller Vorsicht ist es doch passiert. Ein kleines Häufchen prankt auf dem Teppich. Greifen Sie bitte nicht auf antiquierte Erziehungsmethoden zurück. Der Welpe lernt absolut nichts, wenn Sie seine Nase in seine Hinterlassenschaft drücken. Auch wenn Sie sich noch so über das Häufchen auf dem guten Teppich ärgern, räumen Sie es wortlos weg. Fassen Sie sich lieber an die eigene Nase, denn Sie haben nicht aufgepasst. Beobachten Sie zukünftig Ihren kleinen Retriever genauer, damit Sie mitbekommen, wenn er nach draußen muss. Haben Sie Geduld! Der Welpe ist frühestens im Alter von drei bis vier Monaten so weit, dass er Blase und Darm kontrollieren kann.

BLITZBLANK SAUBER

Ist ein Malheur in der Wohnung passiert, dann säubern Sie die Stelle gründlich. Vermeiden Sie Reinigungsmittel auf Ammoniakbasis. Urin ist auch ammoniakalkalisch, für den Hund wird diese Stelle trotz putzen weiterhin nach Urin riechen, sodass er diese auch künftig als Toilette benutzt. Putzen Sie am besten mit Seifenlauge und sprühen Sie die Stelle mit hochprozentigem Alkohol ein, so können Sie sicher sein, dass Sie den Uringeruch beseitigt haben.

Wird Ihr Welpe unruhig, schnüffelt auf dem Boden herum und beginnt sich im Kreis zu drehen, dann ist das ein sicheres Zeichen dafür, dass er sich lösen muss.

Ein gemütlicher Platz zum Schlafen

Der Hund als Rudeltier möchte gerne in der Nähe seiner Rudelmitglieder sein. Den Menschen betrachtet der Welpe als seine Ersatzmeute, so ist es verständlich, dass er sich in seiner Nähe aufhalten möchte. Ist er vom Rudel völlig abgeschnitten, versetzt es den Kleinen buchstäblich in Todesangst. Als Ruheplatz schätzt er einen zugfreien Ort, an dem er seine Ruhe findet, aber trotzdem das Geschehen überblicken kann. Hunde lieben es, sich in Höhlen zurückzuziehen, dort fühlen sie sich geborgen und geschützt. Die Hundebox bzw. der Zimmerkennel bietet ihm einen solchen Unterschlupf, deshalb sind diese ideale Schlafplätze. Zudem ist ein Zimmerkennel, wenn er richtig eingeführt wurde, eine ausgesprochen sinnvolle und wichtige Erziehungshilfe. Sehen Sie den Kennel nicht als Gefängnis an, sondern als Möglichkeit, Ihren Hund zu erziehen, und verschaffen Sie ihm so eine Oase der Sicherheit und Geborgenheit.

Zimmerkennel – eine Wohlfühlhöhle

Der Zimmerkennel sollte keinesfalls dazu genutzt werden, den Welpen einfach einzusperren, sondern als befristete Ruhezone betrachtet werden. Falsch verstandene Kennelerziehung ist es, wenn der Welpe für Stunden darin eingesperrt ist, weil der Besitzer keine Zeit oder keine Lust hat, sich mit ihm zu beschäftigen und der Hund die meiste Zeit des Tages im Zimmerkennel verbringen muss. Sperren Sie den Welpen ebenso niemals zur Strafe dort ein, denn so wird der Aufenthalt im Kennel rasch negativ belegt und als wichtige Ausbildungshilfe wertlos. Der Zimmerkennel sollte ein angenehmer Ort sein, an dem sich der Welpe gerne aufhält. Hunde verschlafen etwa 70 % ihres Lebens. Gerne ziehen sie sich dafür an einen Ort zurück, an dem sie Ruhe finden, an dem sie ungestört schlafen können, an dem sie sich sicher und geborgen fühlen. Verbieten Sie Ihren Kindern, den Hund im Kennel zu belästigen.

WICHTIG

Nichts geht nebenher!
Kommen Sie nach einigen Überlegungen zu der Erkenntnis, dass Ihr Welpe bei Ihnen zu Hause fast den ganzen Tag im Zimmerkennel verbringen müsste, dann möchte ich Sie zu Ihrem ausgefüllten Leben beglückwünschen. Sie sollten sich jedoch folgende Frage stellen: Können Sie in Ihrem bereits ausgelasteten Tag noch ausreichend Zeit für einen Hund erübrigen? Zeit, die Sie an jedem Tag der nächsten Jahre benötigen, um dieses „kleine Lebewesen" zu erziehen und zu beschäftigen. Nur wenn auch der Hund in Ihrem Leben eine entscheidende Rolle spielt, werden Sie ihn artgerecht halten. Einen Hund zu halten bedeutet Arbeits- und Zeitaufwand!

Welches Modell ist das richtige?

Im Handel sind verschiedene Modelle erhältlich. Es gibt zusammenklappbare Gitterboxen und Flugtransportboxen aus Kunststoff. Vor dem Kauf sollten Sie sich Gedanken darüber machen, welche Box für Sie die richtige ist.
Haben Sie vor, mit Ihrem Hund Flugreisen zu unternehmen, dann sollten Sie sich für eine Flugtransportbox entscheiden. Diese ist allerdings etwas sperriger und unhandlicher. Durch die geschlossene Form ist sie auch nicht so gut belüftet. Steht die Kunststoffbox in der Sonne, kann sich die Hitze darin schnell aufstauen und lebensbedrohlich für den Hund werden.
Die Gitterbox ist rundherum offen, der Welpe kann aus dieser gut heraussehen. Gitterboxen lassen sich mit wenigen Handgriffen zu einem flachen Paket zusammenfalten, welches man leicht transportieren und verstauen kann.

Wie groß muss der Kennel sein?

Der Zimmerkennel sollte so groß sein, dass der erwachsene Hund ausreichend Platz darin hat. Er sollte sich darin bequem umdrehen können, ebenso sollte er mit erhobenem Kopf darin stehen und sich ausgestreckt hinlegen können.
Gestalten Sie den Kennel gemütlich. Ein Liegekissen mit Füllung kann jedoch, sollte Ihr Welpe einen Zerstörungsanfall haben, diesem schnell zum Opfer fallen. Eine weiche Decke oder Vetbed eignen sich als Liegedecke im Kennel besser.
Haben Sie sich für einen Gitterkennel entschieden, sollten Sie diesen mit einer Decke abdecken. Lassen Sie nur die Tür an der Vorderseite frei. So schaffen Sie ganz einfach eine gemütliche, behagliche Wohnhöhle. Zudem schützt die Decke den Welpen auch vor Zugluft.

Vorteile gezielt nutzen

Der Zimmerkennel unterstützt das Training zur Stubenreinheit perfekt. Der Welpe hält instinktiv seinen Schlafplatz sauber. Er wird deshalb vermeiden, Kot und Urin im Kennel abzusetzen. Bei einem zu großen Platzangebot verliert sich jedoch diese Wirkung.
Haben Sie einen großen Kennel gekauft, damit auch der erwachsene Hund dort hineinpasst, dann ist das Platzangebot für den Welpen zu groß. Denn so hat er die Möglichkeit, sich eine Ecke als Toilette abzuteilen und den restlichen Platz zum Schlafen und Spielen zu nutzen. Also beschränken Sie den Platz, passen Sie ihn an die sich schnell ändernde Körpergröße Ihres Welpen an.
Durch das Einklemmen einer Sperrholzplatte oder durch das Hinstellen einer Kiste oder eines umgedrehten Wäschekorbes können Sie den Platz im Kennel leicht verkleinern. Vergessen Sie aber nicht, dass der Welpe regelmäßig die Möglichkeit haben muss, sich draußen zu lösen.

Hunde sind Rudeltiere und suchen die Nähe Ihres Menschen – sowohl am Tag als auch in der Nacht.

Vorsorgen ist besser als Heilen

Kann man den Welpen für kurze Zeit nicht beaufsichtigen, so ist es besser, ihn im Zimmerkennel unterzubringen. Ihr Krabbelkind bringen Sie auch in den Laufstall und lassen es nicht unbeaufsichtigt durch die Wohnung krabbeln.
Im Kennel kann sich der Welpe mit Spielzeug und Kaustangen beschäftigen und hat nicht die Möglichkeit, sich in den unbeobachteten Minuten unerwünschte Verhaltensweisen anzugewöhnen wie z. B. Teppich zernagen, Elektroleitungen anfressen etc. Im Zimmerkennel untergebracht, schützen Sie den Welpen somit auch vor eventuellen Unfällen und Verletzungen.

Gewöhnung an den Kennel

Am einfachsten ist es, den Welpen in den Situationen an den Kennel zu gewöhnen, in denen er sowieso müde ist und sich zum Schlafen hinlegen will. Bringen Sie ihn dann in den Kennel und bieten ihm dort etwas Leckeres zum Knabbern an. Er wird sich schnell daran gewöhnen und lernen, dass er dort nicht gestört wird. Der Aufenthalt im Kennel muss für ihn zum gewohnten Tagesablauf – zur alltäglichen Routine werden.
Macht sich Ihr Welpe im Kennel lautstark bemerkbar, dann glauben Sie nur nicht, dass Sie ihn mit Zuspruch und Trost beruhigen können. Er versteht den Sinn Ihrer Worte nicht. Die freundliche Stimmlage und beruhigenden Äußerungen wird er als Lob auffassen und sich so in seinem Tun bestätigt fühlen. Da sein Heulen und Bellen von Ihnen positiv bestätigt wird, wird er es fortsetzen.
Besser ist, Sie ignorieren seinen Protest oder quittieren sein Verhalten mit einem scharfen „NEIN“. Durch Ihre negative Reaktion versteht Ihr kleiner Retriever schnell, dass sein Verhalten von Ihnen nicht akzeptiert wird.

Kenneltraining

1–4 Der Kennel sollte ein sehr angenehmer Aufenthaltsort sein. Gewöhnen Sie Ihren Welpen daran, indem Sie ihm dort etwas ganz besonders Leckeres geben. Das gibt es dann auch immer nur im Kennel.

5|6 Nicht der Welpe bestimmt, wann er herauskommen darf, sondern Sie. Macht er sich mit Protestgeschrei bemerkbar, dann ignorieren Sie ihn oder quitieren sein Verhalten mit einem scharfen „Nein“.

Ignorieren heißt den Welpen überhaupt nicht beachten. Auch ein Blick in seine Richtung ist bereits eine Bestätigung für sein Verhalten. Hört sein Protestgeschrei nicht auf, dann heißt es durchhalten – auch wenn es Ihnen schwerfällt. Lassen Sie ihn toben und bellen, er wird lernen müssen, dass dieses Verhalten zu keinem Erfolg führt. Warten Sie, bis er aufgibt. Dies kann bei manchen Hunden einige Zeit dauern, seien Sie absolut konsequent. Eines kann ich Ihnen versprechen: Wenn Sie konsequent sind, dann wird das Protestgeschrei schnell immer kürzer werden und bald völlig verstummen. Ist Ihr Welpe endlich ruhig, können Sie zu ihm hingehen, ihn loben und wenn Sie möchten, ihn auch herauslassen. Der Aufenthalt im Kennel muss für den Hund zur Routine werden.
Eine gute Möglichkeit ist, den Welpen über Nacht an den Kennel zu gewöhnen; dann ist er sowieso müde, im Haus ist es ruhig; alles schläft; der Welpe hat nicht das Gefühl etwas zu verpassen. Stellen Sie den Kennel neben Ihr Bett, damit Sie merken, wenn der Welpe unruhig wird. Lassen Sie ihn dann in den Garten, damit er sich lösen kann. Schenken Sie ihm aber nur die minimal notwendige Aufmerksamkeit. Bringen Sie ihn nach dem Lösen wieder in den Kennel – auch wenn er mit Ihnen spielen will – und legen Sie sich wieder ins Bett. Er muss lernen, dass die Nachtzeit Ruhezeit ist.

Alleine bleiben

Tagsüber üben Sie mit Ihrem Welpen den Aufenthalt im Kennel langsam, mit sehr kurzen Aufenthaltsphasen – erst 5 Minuten, dann 10 Minuten, dann 15 Minuten, bis er sich daran gewöhnt hat und auch für längere Zeit ruhig darin verweilt. Unterstützen Sie diese Übungen mit der Gabe von schmackhaften Leckerchen oder interessantem Spielzeug. Schnell wird er lernen, dass es begehrte Leckereien nur im Kennel gibt. Er wird schnell verstehen und bald werden Sie merken, dass er, sobald Sie zur Leckerchentüte gehen, vor Ihnen erwartungsvoll zum Kennel laufen wird. So positiv aufgebaut wird Ihr Retriever seine Wohnhöhle schnell akzeptieren und kann darin auch einmal für kurze Zeit alleine bleiben.

Entspannen muss gelernt werden

Dreht Ihr Welpe schnell hoch oder ist gestresst und lässt sich durch nichts mehr beruhigen, dann haben Sie mit dem Kennel ein probates Mittel, ihm Ruhe und Entspannung beizubringen. Oftmals wissen Welpen nicht, wann es genug ist und müssen zur Ruhe „gezwungen" werden. Ein überdrehtes Kleinkind würden Sie auch versuchen, zu einem entspannenden Mittagsschlaf zu überreden. Ist der Welpe emotional sehr hochgeputscht (Stress oder Überdrehtheit), dann bringen Sie ihn in den Kennel, damit er dort in der Ruhe und Geborgenheit der gewohnten Wohnhöhle entspannen kann. Bieten Sie ihm dort etwas Feines zum Kauen an. Überhören Sie sein anfängliches Protestgeschrei.

WICHTIG

Ruhephasen

Ein 10 Wochen alter Welpe braucht noch 15 bis 18 Stunden Schlaf. Achten Sie darauf, dass die ganze Familie die Ruhepausen des Welpen respektiert. Auch Ihre Kinder müssen den Welpen in seinen Ruhephasen und an seinem Ruheplatz völlig in Frieden lassen.

AUSGEWOGENE ERNÄHRUNG

Beitrag von Dr. Susanne Wisniewski, Kleintierklinik Iffezheim

Fütterung des Retrieverwelpen – weniger ist mehr

Zum Thema Fütterung von Welpen kursieren unter Hundehaltern und Züchtern verschiedenste gedankliche Ansätze, die in vielen Fällen heute sowohl aus ernährungsphysiologischer wie medizinischer Sicht nicht mehr haltbar sind.
Neben den Instituten für Ernährungswissenschaften haben auch seriöse Futtermittelfirmen umfangreiches wissenschaftliches Material erarbeitet, welches einer modernen angepassten Fütterung von Welpen und Junghunden zugrundegelegt werden muss.
Unstrittig ist heute, dass wachsende Hunde andere Ansprüche an ihr Futter haben als ausgewachsene Tiere. Strebt man eine optimierte Fütterung des Junghundes an, sollte bis zur Vollendung des 1. Lebensjahres ein speziell für großwüchsige Hunde zusammengesetztes Futter gewählt werden.

Futtermenge

Das Ziel der Fütterung von Absatzwelpen sollte sein, die für die Rasse durchschnittliche Entwicklung herbeizuführen. Maximale Wachstumsraten sind insbesondere bei großwüchsigen Rassen wie den Retrievern unerwünscht, da sie die Entwicklung von orthopädischen Problemen begünstigen können. Überfütterung sollte daher strikt unterbleiben. Als ungefähre Richtlinie für die Gewichtszunahme gilt:
Der Welpe sollte bis zum 5. Lebensmonat 3 Gramm/Tag/Kilogramm des zu erwartenden Gewichts des erwachsenen Hundes zunehmen.
Für das Beispiel eines Golden Retriever Rüden mit 34 kg Endgewicht ergibt sich also eine Zunahme von etwa 100 Gramm/Tag, sprich 700 g/Woche.
Der Tagesbedarf der individuellen Welpen kann +/– 16 % variieren, weshalb Mengenangaben auf den Futterpackungen immer nur ein grober Anhaltspunkt sein können. Grundsätzlich richtet man mit zurückhaltender knapper Fütterung jedoch weniger Schaden an als mit zu viel Futter.

Ausgewogene Ernährung

Welpenfutter renommierter Futterhersteller entsprechen den ernährungsphysiologischen Bedürfnissen von Welpen, sodass sie als Basis einer ausgewogenen Ernährung herangezogen werden sollten. Die Zufütterung geringer Mengen von frischem Fleisch, Gemüse, Obst, Milchprodukten oder Innereien bringt Abwechslung in den Speiseplan, verbessert die Akzeptanz und vermindert das Risiko später auftretender Nahrungsmittelintoleranzen oder Allergien.

Zusammensetzung des Futters

Eine Über- oder Unterversorgung an bestimmten Nährstoffen, Mineralstoffen oder Vitaminen kann der Gesundheit Ihres Hundes abträglich sein. Die Bedeutung und die ideale Menge der verschiedenen Futterbestandteile verändert sich mit dem Alter, dem Aktivitätslevel und dem körperlichen Zustand.

PROTEINGEHALT

Um ein Futter sinnvoll bewerten zu können, muss das **Eiweiß-Energie-Verhältnis** (Gramm verdauliches Protein (vP) pro Megajoule (MJ) verdauliche Energie (vE)) bekannt sein.
In der Absetzphase sollten 15 g vP pro MJ vE enthalten sein, ab dem 6. Lebensmonat genügen 12 g vP pro MJ. Ein erwachsener Hund benötigt nur noch 10 g vP pro MJ vE. Leider wird auf den meisten Futterpackungen lediglich der sogenannte **Rohproteingehalt** anstelle des **verdaulichen Proteins** angegeben. Die Verdaulichkeit eines Proteins kann je nach Herkunft (Rinderfilet oder Hühnerbeine) stark variieren, liegt jedoch bei qualitativ hochwertigen Futtersorten um die 70%. Bei bekannter Verdaulichkeit kann also aus dem Rohprotein auf das verdauliche Protein umgerechnet und so das Protein-Energie-Verhältnis ermittelt werden. Die zwar üblichen, jedoch relativ nutzlosen Rohproteinangaben auf kommerziellen Futterpackungen können also keineswegs, wie vielfach behauptet, zur Beurteilung der Qualität einer Futtersorte herangezogen werden.

MINERALSTOFFGEHALT

Neben Energie- und Proteingehalt eines Futters spielen vor allem die Mineralstoffe **Kalzium und Phosphor** eine Rolle. Es ist ein weit verbreiteter Irrtum, dass Welpen von zusätzlichen Kalziumgaben (Welpenkalk) profitieren und dadurch Skeletterkrankungen vorgebeugt werden könnte. Es ist vielmehr so, dass zu hohe Kalziumgaben verschiedenen Erkrankungen Vorschub leisten und darüber hinaus die Aufnahme anderer Mineralstoffe (Phosphor, Eisen, Zink, Kupfer) aus dem Darm behindern und einen Mangel an diesen Mineralien auslösen.
Die empfohlene Kalziummenge im Futter muss in Zusammenhang mit dem Phosphorgehalt gesehen werden. Das **Kalzium-Phosphor-Verhältnis** sollte etwa bei 1,1:0,9 liegen und keinesfalls durch zusätzliche Gaben von Mineralstoffpräparaten verändert werden.

VITAMINE

Auch Vitaminpräparate sollten auf dem Speiseplan eines Retrieverwelpen nicht erscheinen, da kommerzielle Futtermittel grundsätzlich bereits ausreichend mit Vitaminen angereichert sind. Vor allem Zusatzgaben von Vitamin-D können den Stoffwechsel eines wachsenden Hundes beeinflussen und Skelettschäden verursachen.

Fressmanieren

Frisches Fleisch, Gemüse oder Obst bringen mehr Abwechslung auf den Speiseplan.

Welpen bekommen viermal am Tag zu fressen. In der Regel gibt Ihnen Ihr Züchter einen Futterplan und Futter für die erste Zeit mit. Sie sollten das Futter auf keinen Fall sofort umstellen. Der Kleine hat schon genug mit dem räumlichen Umzug und der neuen Situation zu kämpfen, wenigstens das Futter sollte noch das gewohnte sein. Sie riskieren sonst stressbedingte Durchfallerkrankungen. Sollte Ihr Welpe unter Durchfall leiden, suchen Sie bitte einen Tierarzt auf.
Falls Sie ein anderes Futter verwenden möchten, sollten Sie warten, bis der Umzugsstress überwunden ist und Ihr Welpe Vertrauen zu Ihnen und Ihrer Familie aufgebaut hat. Dann können Sie durch langsames Beimischen des neuen Futters die Ernährung umstellen.

Fütterungsregeln

- Füttern Sie den Welpen immer am gleichen Platz.
- Frisst er seine Portion nicht auf, dann nehmen Sie den Napf weg und entsorgen den Futterrest. In den ersten Tagen kann es vorkommen, dass er die vom Züchter angegebene Menge nicht frisst. Machen Sie sich keine Sorgen, der Kleine fühlt sich bei Ihnen noch nicht ganz zu Hause und außerdem fehlen ihm seine Geschwister als Futterkonkurrenten (Futterneid). Lassen Sie sich jetzt nicht dazu verführen, ihm mit besonderen Leckerchen das Fressen schmackhaft zu machen. So erziehen Sie ihn nur zu einem Futtermäkler. Verhungern wird er freiwillig bestimmt nicht.
- Pfeifen Sie immer den Hier-Pfiff (Tüt-Tüt), wenn Sie den Welpen zur Fütterung rufen.
- Der Wassernapf sollte gut zugänglich und immer mit sauberem Wasser gefüllt sein.

WICHTIG

Betteln verboten

Vom ersten Tag an muss der Welpe lernen, dass er vom Esstisch nichts bekommt. Lassen Sie ihn erst gar nicht die Erfahrung machen, dass von dort etwas für ihn abfallen könnte. Er muss lernen: Nur das, was sich in seinem Futternapf befindet, ist für ihn bestimmt. Das was auf dem Tisch der Menschen steht, hat nichts mit seiner Ernährung zu tun.

Nicht zu viel und nicht zu wenig

Eine Mangelernährung kann ebenso wie ein Zuviel an Futter zu bleibenden Entwicklungsschäden führen. Lassen Sie Ihren Welpen nicht zu dick werden. Optimal ist, wenn Sie die Rippen, ohne dass Sie danach graben müssen, problemlos fühlen können. Seine Knochen, Gelenke, Sehnen und Bänder sind noch nicht voll belastbar und sollten deshalb nicht mit Übergewicht überlastet werden.
Bei Wolfswelpen in der Natur kann man nach der Nahrungsaufnahme eine kurze Spielphase beobachten, was sozusagen unserem Verdauungsspaziergang entspricht. Diese Bewegungsphase regt die Durchblutung an und fördert so die Verdauung. Körperlich anstrengend ist sie jedoch nicht – ein Verdauungsspaziergang ist auch kein Gewaltmarsch. Welpen, die zu viel gefressen haben, werden hingegen sofort nach dem Fressen schlafen. Welpen, die zu wenig bekommen haben, denken weder ans Spielen noch ans Schlafen, sie laufen nach Futter suchend durchs Haus.

Paulchen, mein Name

Das Wichtigste, was ein Welpe anfänglich lernen muss, ist sein Name. Sprechen Sie den Welpen jedes Mal, wenn er Sie anschaut, mit seinem Namen an, dann wird er sicher bald bemerken, dass er damit gemeint ist. Benutzen Sie seinen Namen immer, bevor Sie ihm ein Signal geben. So erwecken Sie seine Aufmerksamkeit. Der Welpe sollte seinen Namen immer mit etwas Angenehmem verbinden. Deshalb sagen Sie seinen Namen nie, wenn Sie mit ihm schimpfen. Hunde verbinden alles auch mit der jeweiligen Stimmung, und der Name sollte beim Hund immer eine angenehme Erwartungshaltung auslösen.

Beim Ertönen des „Hier"-Pfiffs rennen die Welpen zur Futterschüssel.

Herankommen – „Hier"

Bereits der Züchter sollte den Welpen das Signal für das Herankommen beibringen. Jedes Mal, wenn die Welpen gefüttert werden, sollte sie der Züchter mit einem Pfiff oder einem verbalen Signal wie etwa „Hier" zum Futternapf rufen. Es wird nicht lange dauern, dann verknüpfen die Welpen das Signal mit dem Futter. Bald kann man beobachten, dass die Welpen schnell aus allen Ecken angerannt kommen, wenn sie das „Hier"-Signal hören. Bei der Welpenabgabe hat sich das Signal bereits tief eingeprägt und der neue Welpenbesitzer hat eine gute Grundlage, auf der er aufbauen kann.

Erziehung zu Hause

Hat Ihr Züchter das Signal „Hier" beim Fressen noch nicht eingeführt, dann fangen Sie gleich am ersten Tag an, das Herankommen mit Ihrem Welpen zu üben. Rufen oder pfeifen Sie ihn jedes Mal, wenn Sie ihm etwas zu Fressen geben wollen. Sie haben so mehrmals am Tag die Möglichkeit, das Signal „Hier" zu trainieren.

ERSTER SCHRITT Kennt Ihr Welpe das Signal „Hier" noch nicht, dann sollte er neben Ihnen stehen, wenn Sie den Futternapf vor ihm auf den Boden stellen. Geben Sie dabei mit freundlicher, hoher Stimme das Signal oder pfeifen Sie den Hier-Pfiff (Tüt-Tüt).

ZWEITER SCHRITT Kennt Ihr Welpe nun nach einigen Tagen des Übens das Signal, dann bereiten Sie sein Futter unbemerkt vor und überraschen ihn mit dem Signal.

TIPP

Kommspiele im Garten
Trainieren Sie im Garten gezielt mit ihm. Ein Familienmitglied hält den Kleinen fest, Sie entfernen sich ein kleines Stück von ihm, hocken sich wieder hin, breiten die Arme aus und rufen ihn dann mit seinem Namen und dem Signal heran. Wenn alles gut klappt, dann steigern Sie die Anforderungen. Vergrößern Sie zuerst die Entfernung, später können Sie auch außer Sicht gehen und nach und nach geringfügige Ablenkungen einbauen.

Üben im freien Gelände ohne Ablenkung

Hat Ihr Welpe verstanden, dass er auf „Hier" kommen soll, können Sie das Signal zusätzlich zur Fütterung einige Male am Tag, auch außerhalb des Hauses, trainieren. Immer wenn Ihr Welpe sowieso auf dem Weg zu Ihnen ist und Sie gerade anschaut, gehen Sie in die Hocke, die Arme einladend zur Seite hin ausgestreckt, und rufen ihn mit seinem Namen und einem freundlichen einladenden „Hier" (bzw. Pfiff) zu sich. Er wird sowohl das verbale Signal als auch Ihre eindeutige Körpersprache mit dem gewünschten Verhalten verbinden. Sowie er bei Ihnen ist, geben Sie ihm ein Leckerchen, loben und streicheln ihn, Sie können auch zur Belohnung mit ihm spielen. Kommt Ihr Welpe auf Sie zu, dann gehen Sie ihm auf keinen Fall entgegen. Er soll zu Ihnen kommen, dieses Verhalten möchten Sie verstärken. Bestätigen Sie deshalb jedes Mal das Herankommen. Achten Sie anfänglich darauf, dass die Wegstrecke zu Ihnen nicht zu groß ist. Welpen lassen sich noch schnell ablenken, zudem können sie auch noch nicht so weit sehen.

Mit zunehmender Übung und Sicherheit können Sie die Entfernung langsam steigern und ihn auch aus weiteren Entfernungen heranrufen. Er sollte aber auf keinen Fall abgelenkt sein. Schnüffelt er an etwas oder spielt er mit Artgenossen, dann sollten Sie abwarten, bis er seine Aufmerksamkeit wieder mehr Ihnen widmet. Machen Sie sich interessant und sobald er herschaut, rufen Sie ihn zu sich heran. Er sollte auf das erste Signal hin reagieren. Ansonsten macht er die Erfahrung, dass er Ihr Signal überhören kann. Rufen Sie ihn deshalb nur, wenn Sie 100 % sicher sind, dass er kommt. Sind Sie sich nicht sicher, ob Ihr Welpe in einer bestimmten Situation kommt, gehen Sie besser zu ihm hin, um ihn von dort abzuholen.

Üben unter Ablenkung

Haben Sie nun einige Tage das Signal ohne Ablenkung trainiert, können Sie überprüfen, ob Ihr Welpe es verstanden hat. Rufen Sie ihn nun, wenn er etwas abgelenkt ist. Kommt er sofort angelaufen, dann hat er das Signal verstanden. Kommt er nicht, gehen Sie zu ihm hin und holen ihn ab. Danach wird weiterhin in ablenkungsfreien Gebieten und auch im Haus geübt. Hat er „Hier" verstanden, können Sie nun langsam die Anforderungen steigern und ihn z. B. rufen, wenn er von Ihnen wegläuft (jedoch noch ohne Ablenkung).
Hört er nicht sofort oder kommt nur langsam und zögerlich, dann klatschen Sie auffordernd in die Hände, ducken sich etwas und laufen in die von ihm entgegengesetzte Richtung weg. Er wird Sie überaus spannend finden, Ihr Verhalten als Spielaufforderung ansehen und Ihnen zügig folgen. Laufen Sie niemals auf den Welpen zu, versuchen Sie auch niemals ihn zu fangen, wenn er nicht kommt. Er würde das nur als lustiges Fang-mich-doch-Spiel auffassen und genau das darf nicht passieren, denn dann bestätigen Sie ihn in seinem negativen Verhalten.

Gehen Sie in die Hocke und breiten Sie einladend die Arme aus, wenn Sie den Welpen zu sich rufen.

Hin- und Herrufen des Welpen. Und jedes Mal gibt es zur Belohnung ein Leckerchen.

Der Welpe kommt nicht auf Ihr Rufen

Kommt Ihr Welpe wider Erwarten auf das Rufen nicht, drehen Sie sich um, ignorieren ihn (d. h. nicht umsehen, nicht ansprechen). Gehen Sie in die entgegengesetzte Richtung und verstecken Sie sich hinter einem Baum. Sein Rudel zu verlieren, ist für einen Welpen in diesem Alter sehr schlimm, sein Überleben hängt davon ab.

Hört er nicht, so muss er die Erfahrung machen, dass Sie dann eben nicht mehr da sind. Bleiben Sie auf keinen Fall stehen! Warten Sie nicht auf ihn! Sonst lernt Ihr Welpe, dass Sie schon aufpassen und er es gar nicht nötig hat, auf Sie zu achten. Bemerkt er Ihr Verschwinden, wird er Sie sofort suchen. Lassen Sie ihn ruhig etwas suchen. Sobald er Sie findet, freuen Sie sich überschwänglich darüber, dass er wieder bei Ihnen ist. Findet er Sie nicht und beginnt hektisch zu werden, dann treten Sie aus Ihrem Versteck heraus und rufen ihn erneut. Sicher ist er nun erleichtert und kommt ohne Umwege zu Ihnen. Jetzt hat er ein großes Lob verdient. Verstecken Sie sich immer mal wieder, um die Aufmerksamkeit und Bindung Ihres Welpen zu fördern. Bald wird er Sie nicht mehr aus den Augen lassen und Sie werden kaum noch eine Möglichkeit haben, sich zu verstecken.

So macht das Herankommen Spaß und ganz nebenbei wird das „Hier"-Signal geübt und gefestigt.

Nutzen Sie den Folgetrieb

In der Sozialisierungsphase ist der Welpe von Natur aus noch bemüht, Ihnen zu folgen (Folgetrieb). Auch wenn der Kleine auf Ihr Rufen kommt, beherrscht er die Übung noch nicht zuverlässig. Wiegen Sie sich nicht in Sicherheit! Nutzen Sie jede Gelegenheit, dieses lebenswichtige Signal mit Ihrem Welpen positiv zu trainieren. Insbesondere mit Hunden, die von sich aus sehr eigenständig sind, müssen Sie „Hier" intensiv üben. Das zuverlässige Kommen sollte schon jetzt zur Verhaltensroutine werden. Mit zunehmendem Alter und Selbstständigkeit verliert sich der Folgetrieb. Nutzen Sie deshalb gezielt diese ersten Wochen, damit Sie später keine Probleme beim Rückruf Ihres Retrievers bekommen.

Beenden einer Übung

Vergessen Sie nicht, jedes Mal, wenn der Welpe nach dem Kommen wieder laufen darf, das Auflösungssignal „Lauf" (weitere mögliche Signale sind „Frei" oder „go play") zu geben. Er muss lernen bei Ihnen zu bleiben, bis Sie ihm ein anderes Signal geben oder die Übung aufheben. Lassen Sie ihn niemals selbst entscheiden.

TIPP

Wenig Folgetrieb
Ist Ihr Welpe sehr unabhängig und mit wenig Folgetrieb ausgestattet, dann sollten Sie den Futternapf in den Schrank stellen und ihn in den nächsten Wochen nur aus der Hand füttern.

REGELN FÜR DAS HERANKOMMEN

- Rufen Sie Ihren Welpen anfänglich nur, wenn er sowieso auf Sie zukommt und Sie anschaut.
- Rufen Sie ihn mit Namen (Aufmerksamkeit) und „Hier“ (Signal) oder dem Hier-Pfiff.
- Rufen Sie immer nur einmal. Er muss lernen, auf das erste Signal hin zu kommen.
- Wählen Sie eine freundliche aufmunternde Stimmlage.
- Wählen Sie eine einladende Körperhaltung.
- Loben Sie ihn immer überschwänglich mit Leckerchen, aber auch mit reichlich Lob, Streicheln oder einem tollen Spiel.
- Steigern Sie nur langsam die Ablenkung und somit die Anforderung.
- Vergessen Sie nicht, wenn der Welpe wieder laufen darf, ihm das Auflösungssignal „Lauf“ zu geben.

Sich hinsetzen – „Sitz“

Auch das Sitz können Sie dem Welpen bald nach der Ankunft im neuen Zuhause beibringen. Setzt er sich freiwillig hin, dann geben Sie sofort das Signal „Sitz“ und bestätigen es mit einem freundlichen Lob. Ihr Welpe wird schnell das Signal und das Lob mit dem Hinsetzen verbinden. Achten Sie jedoch darauf, dass Sie den Kleinen nur in dem Moment loben, in dem er auch wirklich sitzt. Ist er schon wieder aufgestanden oder springt an Ihnen hoch, dann ist es für das Lob zu spät. Nur wenn das Lob mit der Tätigkeit „Sitz“ zeitnah (d. h. max. zwei Sekunden danach) erfolgt, kann der Welpe richtig verknüpfen.

Gezieltes Üben mit Handzeichen

Schon nach einigen Tagen können Sie „Sitz“ gezielt üben. Nehmen Sie dafür ein Leckerchen in die Hand und zeigen Sie es Ihrem Welpen. Dann führen Sie die Hand von der Nase des Welpen aus nach hinten über seinen Kopf. Er wird dem Leckerchen folgen und sich so unweigerlich hinsetzen. Sobald er sitzt, geben Sie das Signal und bestätigen ihn mit dem Leckerchen. Dabei können Sie auch bald das Handzeichen einführen. Halten Sie die geöffnete Hand vor Ihre Brust, wobei die Handfläche zum Hund zeigt. Benutzen Sie schon jetzt das Handzeichen, das Sie später bei Sitz auf Entfernung ebenfalls verwenden möchten.

Bedenken Sie, dass sich ein Hund in diesem Alter noch nicht sehr lange konzentrieren kann. Entlassen Sie ihn deshalb sofort wieder mit „Lauf“ aus der Übung, bevor er selbst aufsteht. Mit der Zeit merken Sie, dass Ihr Welpe auch etwas länger sitzen bleiben kann. Dann dehnen Sie die Zeit des Sitzenbleibens immer weiter aus.

Kurzes Entfernen vom Hund

Sobald er zuverlässig sitzen bleibt und auf das Auflösungssignal wartet, können Sie einen Schritt weitergehen. Entfernen Sie sich nun etwas von Ihrem Welpen; anfänglich reichen wenige Zentimeter. Steigern Sie die Entfernung nur ganz langsam. Steht Ihr Welpe auf, während Sie sich entfernen, dann quittieren Sie das mit einem unfreundlichen „Nein“, gehen Sie dann zu ihm zurück und geben ihm erneut das Signal „Sitz“. Sobald er wieder sitzt, entfernen Sie sich erneut. Warten Sie aber nicht zu lange. Gehen Sie nun wieder zu ihm zurück, damit Sie ihn loben können. Bleibt er wie erwartet sitzen, dann können Sie ihn ausgiebig loben. Entlassen Sie ihn aus der Übung mit dem Auflösungssignal „Lauf“.

Führen Sie das Leckerchen von der Nase aus nach hinten. Der Welpe wird diesem folgen und sich automatisch hinsetzen.

1

2

3

4

Erste Freifolge spielerisch gestalten

1|2 Nehmen Sie ein Leckerchen in die Hand und führen Sie Ihren Welpen dicht am Beim ein paar Schrittchen geradeaus.

3|4 Lassen Sie sich nicht aus der Ruhe bringen. Ignorieren Sie das Hochspringen – eine Belohnung gibt es nur, wenn der Kleine schön neben Ihnen herläuft. Bald wird er verstehen, was Sie von ihm möchten.

5 Nach ein paar Schrittchen hat sich Ihr Welpe eine tolle Belohnung verdient. Fürs Erste hat er seine Aufgabe sehr gut gemacht.

5

Halsband und Leine

Müssen Sie mit dem Kleinen raus, sollten Sie ihn ins Grüne tragen oder mit dem Auto fahren. Eine Wegstrecke an einer befahrenen Straße entlang, ist für den Hund in diesem Alter auf jeden Fall zu anstrengend. Anfänglich werden Sie deshalb überhaupt keine Leine benötigen. Ihr Welpe ist mit einer natürlichen Motivation zum Folgen ausgestattet und wird Ihnen, wenn er im Grünen angekommen ist, bereitwillig überallhin nachkommen. Doch das hält nicht sein Leben lang an, darum müssen Sie ihn jetzt an Halsband und Leine gewöhnen.

Ein Halsband ist schon ein komisches Ding, das man am liebsten gleich wieder abstreifen würde. Lenken Sie Ihren Welpen ab, damit er gar nicht zum Kratzen kommt.

Gewöhnung an das Halsband

Hat sich Ihr Welpe schon etwas bei Ihnen eingewöhnt, können Sie ihn an das Tragen eines Halsbandes gewöhnen. Wählen Sie für den Anfang ein weiches leicht verstellbares Halsband. Legen Sie ihm dieses an, aber bitte ganz ohne Zwang. Wehrt er sich, dann arbeiten Sie mit einem Helfer, der den Welpen ablenkt. Loben Sie ihn sofort, wenn er es trägt. Er muss das Halsband positiv verknüpfen. Sicher wird es ihm nicht gefallen, er wird sich kratzen, um das blöde Ding wieder loszuwerden. Ideal ist deshalb, wenn gleich etwas Positives passiert und er vom Halsband abgelenkt wird. Legen Sie es ihm am besten zur Fütterungszeit an oder wenn Sie mit ihm spielen oder schmusen wollen. Ihr Welpe wird das Ding um seinen Hals schnell vergessen und verbindet es zudem mit positiven Ereignissen. Die Tragezeit sollte anfänglich nur kurz sein und dann langsam ausgedehnt werden.

MOXONLEINE

Die sogenannte Moxon- bzw. Retrieverleine halte ich bei einem Welpen für nicht geeignet, da es sich bei dieser Leine um einen Endloswürger (ohne Stopp) handelt. Der Hund sollte, wenn er an einer solchen Leine geführt wird, bereits zuverlässig „bei Fuß" gehen können.

Gewöhnung an die Leine

Hat Ihr Welpe das Halsband akzeptiert, können Sie ihn an die Leine gewöhnen. Aber Vorsicht: Bereits jetzt entscheidet sich, wer später wem sagt, wo es langgeht. So bitte nicht! Vor allen Erklärungen hier erst einmal ein Bild, das man fast täglich beobachten kann. Der kleine putzige Welpe zerrt an der Leine, da er etwas Interessantes entdeckt hat und möglichst schnell dorthin will. Der Hundehalter folgt ihm, da der Kleine ja so neugierig ist und er in diesem Alter noch alles entdecken muss. Fazit: Der Welpe hat mit seinem Verhalten Erfolg. Er lernt, dass sein Mensch ihm folgt, wenn er an der Leine zerrt. Das ist der erste Schritt, um erfolgreich einen Leinenzieher zu erziehen.

Wie lang soll die Leine sein?

Die Leine ist bei den meisten Hundehaltern zu kurz. Weicht der Welpe nur einige Zentimeter von seiner Position ab, strafft sie sich schon und ein Zug entsteht. Mit einer zu kurzen Leine lernt der Hund mit dem ständigen Leinenzug umzugehen, für ihn wird dieser zur Normalität. Man kann bei diesen Hunden sogar beobachten, dass sie von selbst zu ziehen beginnen, wenn die Leine einmal ausnahmsweise locker durchhängt. Achten Sie darauf, dass die Leine niemals gespannt ist, auch wenn Sie mit dem Hund nur verweilen und deshalb herumstehen.
FAUSTREGEL: Die Leine sollte so lang sein, dass sie locker durchhängen kann, wenn der Retriever neben seinem Hundehalter am Boden liegt.

Häufig kann man auch beobachten, dass Hundehalter die Leine künstlich verkürzen, indem die Leinenführhand besonders hoch gehalten oder die Leine mehrfach um die Hand gewickelt wird. Völlig verkrampft versucht der Hundehalter den Hund nahe am Bein zu halten – doch auch so lernt der Hund nicht an lockerer Leine zu gehen. Versuchen Sie von Anfang an entspannt zu sein, halten Sie Ihre Hand locker, führen Sie den Welpen an einer locker durchhängenden Leine.

1 Die Leine sollte locker durchhängen können, den Welpen aber nicht behindern.

2 Zieht der Welpe einmal zur Seite, bleiben Sie einfach stehen.

3 Warten Sie, bis er sich Ihnen wieder zuwendet.

ABLEINEN

Ein Hund, der nach dem Ableinen sofort losrennt, ist schnell eine Gefahr für sich und andere. Deshalb ist es wichtig, das Ableinen bereits beim Welpen immer gleich zu gestalten.

- Lassen Sie ihn sitzen, loben Sie ihn und geben ihm ein Leckerchen, erst dann leinen Sie ihn ab. Danach soll er aber immer noch sitzen bleiben.
- Halten Sie Blickkontakt, loben Sie ihn noch einmal, geben Sie ihm dann das Signal „Lauf“ und motivieren Sie ihn mit auffordernder Körpersprache zum Laufen. Sie können auch mit ihm zusammen wegrennen und etwas mit ihm spielen.
  Ihr Retriever muss lernen, dass er auch ohne Leine so lange sitzen bleiben muss, bis er von Ihnen das Auflösungssignal hört.
- Steht er frühzeitig auf, quittieren Sie das mit einem unfreundlichen „Nein“ und bringen ihn wieder ins Sitz an dieselbe Stelle zurück.

Erste Schrittchen an der Leine

Im Allgemeinen läuft der Hund links neben seinem Hundehalter. Sie können ihn aber auch an Ihrer rechten Seite laufen lassen, nur sollten Sie sich von Anfang an konsequent für eine Seite entscheiden. Üben Sie zuerst einmal ohne Ablenkung in Ihrem Garten. Für die ersten Schrittchen an der Leine halten Sie dem Welpen, wenn er auf der linken Seite laufen soll, mit der linken Hand ein Leckerchen vor die Nase, die Leine halten Sie in der rechten Hand. Das Leckerchen ist ein perfektes Lockmittel, dem Ihr Welpe sicher gerne folgen wird. So können Sie ihn lenken und mit der Situation vertraut machen. Wehrt er sich dennoch und lehnt sich gegen die Leine auf, dann ziehen Sie ihn auf keinen Fall zu sich heran. Dies würde nur dazu führen, dass er sich noch heftiger wehrt, denn Druck erzeugt Gegendruck. Besser ist, Sie gehen in die Hocke und locken Ihren Welpen zu sich heran. Ist er bei Ihnen, können Sie einen neuen Versuch starten. Üben Sie täglich, aber bitte nur kurz, eine Minute ist fast schon zu lang. Folgt Ihr Kleiner Ihnen bereitwillig, loben Sie ihn in den höchsten Tönen und geben das Signal „Fuß“. Gestalten Sie die Übung spielerisch: Zieht er, dann locken Sie ihn heran und ändern Ihre Laufrichtung, bleibt er stehen, locken Sie ihn und laufen dann schneller. Ihr Welpe sollte an diesem „An-der-Leine-Laufspiel“ sehr viel Spaß und Freude haben. Er muss lernen, Ihnen entspannt zu folgen und dass es nichts bringt, sich gegen die Leine aufzulehnen. Im Gegenteil – an der Leine laufen ist etwas Schönes. Erwarten Sie jedoch noch keine Spitzenleistung: Ihr Welpe soll nur lernen, dass sich die Leine nicht spannen darf. Längere Spaziergänge an der Leine sollten Sie in diesem Alter noch vermeiden, es genügt, wenn er Ihnen bei den ersten Übungseinheiten ca. 5 bis 10 m folgt.

4 Dann kann es wieder im normalen Tempo weitergehen.

Spielen ist Lernen fürs Leben

Rennen, toben, suchen, finden – im Spiel werden die körperlichen und geistigen Fähigkeiten gefestigt.

Der gegenwärtige Schwerpunkt der Erziehung liegt auf dem motivierenden spielerischen Lernen. Das gemeinsame Spiel ist der wesentliche Teil davon. Der Welpe lernt, dass Spiel Vergnügen bereitet. Durch gemeinsames Spielen vermitteln Sie dem Kleinen Vertrautheit, Sicherheit und sein Selbstbewusstsein wird gestärkt. Es fördert die soziale Bindung zwischen Ihnen und Ihrem Hund.
Das Spiel muss jedoch immer vom Menschen ausgehen. Sie sind der Macher, demonstrieren Sie Ihre mentale Überlegenheit. Lassen Sie sich immer neue Spiele einfallen. Festigen Sie Ihre Autorität und die Bereitschaft des Hundes, Ihnen zu folgen. Fördern Sie mit dem Spiel die körperliche Entwicklung des Welpen, schulen Sie sein Gehirn sowie seine Konzentrations- und Lernfähigkeit. Im Spiel können Sie dem Welpen erste Tabuisierungselemente ganz einfach vermitteln. Mit zunehmendem Lebensalter entwickelt sich ganz langsam aus dem Spiel das Training für die weitergehende Ausbildung. Geistig anstrengende Ausbildungsphasen sollten dann immer mit einem auflockernden Spiel abgeschlossen werden, so wird der Hund belohnt und gleichzeitig motiviert.

Spielregeln

Vermeiden Sie endlose Wiederholungen. Ein und dieselbe Spielform wird schnell langweilig. Versuchen Sie deshalb, das Spiel immer leicht zu variieren, damit die Spannung erhalten bleibt und der Welpe nicht das Interesse am Spiel mit Ihnen verliert. Und ganz wichtig: Erzwingen Sie niemals Wiederholungen! Das Spiel mit dem Welpen sollte lustbetont und motivierend sein. Entwickeln Sie ein Gespür für Ihren Welpen. Beenden Sie das Spiel, wenn es am Schönsten ist und nicht erst, wenn der kleine Retriever keine Lust mehr dazu hat.

Keine Diskussionen

Vermeiden Sie alle Spiele, bei denen der Hund Sie nicht mehr ernst nehmen könnte. Achten Sie darauf, dass Sie immer der souveräne Part in der Mensch-Hund-Beziehung sind, der es nicht nötig hat, mit einem Welpen in Konkurrenz zu treten. Auch wenn der Kleine noch so niedlich ist und das was er tut eigentlich nicht so schlimm ist, setzen Sie sich durch. Die von Ihnen gesetzten Grenzen müssen eingehalten werden. Achten Sie unbedingt darauf, dass Sie den Rahmen des Miteinanders abstecken und nicht der Welpe seinen Freiraum selbst bestimmt. Aufgrund Ihrer mentalen Überlegenheit ist ihr Wort Gesetz, über das nicht diskutiert wird. Sie bestimmen, wann eine Spielsequenz beginnt und wann das Spiel zu Ende ist.

Gewöhnen Sie Ihren Welpen auch ganz spielerisch an das Bürsten.

Spiele, die man vermeiden sollte

Vermeiden Sie grobe Zieh- und Zerrspiele mit Ihrem Welpen. Keinesfalls sollte er Sie als gleichgestellten Konkurrenten begreifen oder gar die Erfahrung machen, dass er damit durchkommt. Beginnt Ihr Welpe mit Ihnen zu kämpfen, versucht er Ihnen die Beute zu entreißen, dann ist das Spiel sofort zu beenden. Gehen Sie weg, ignorieren Sie ihn. Er muss lernen, dass ein solches Verhalten keinen Sinn macht. Nachlaufspiele, bei denen der Mensch dem Hund hinterherläuft, sind absolut tabu. Der Kleine sollte nicht lernen, dass er sich entziehen kann und Sie keine Chance haben, ihn zu fangen. Läuft er vor Ihnen weg, dann ist das Spiel eben aus. Ignorieren Sie ihn. Gehen Sie demonstrativ in eine andere Richtung, am besten außer Sicht. Schauen Sie sich nicht um, schon Ihr Blickkontakt ist für den Welpen eine positive Bestätigung für sein Verhalten. Sind Sie nicht mehr zu sehen, muss er sich beeilen, wenn er Sie nicht verlieren will. Er muss vom ersten Tag an lernen, sich nach Ihnen zu richten.

Nehmen Sie sich viel Zeit zum Kuscheln.

Zeit zum Kuscheln

Sie bestimmen, wann Kuschelzeit ist. Reagieren Sie nicht auf die Aufforderungsversuche Ihres Welpen. Nehmen Sie den Kleinen auf den Arm oder Schoß, kraulen Sie ihn und streicheln Sie ihm sanft seinen Bauch. Wirken Sie ruhig auf ihn ein und vermeiden Sie hektische Bewegungen. Ihr Welpe soll bei Ihnen entspannen und die Situation genießen lernen. Wehrt er sich zu Beginn, dann halten Sie ihn so lange fest, bis er ruhiger wird. Er darf sich der Situation nicht entziehen. Geduld und Konsequenz sind hier gefragt. Steigern Sie die Zeit langsam, bis Ihr Retrieverwelpe in der Lage ist, einige Minuten ruhig auf Ihrem Arm zu verbringen.

WICHTIG

Erziehung
In der Sozialisierungsphase ist Erziehung groß geschrieben. Erziehung ist nicht gleich Ausbildung. Erzogen sein muss jeder Hund, damit er nicht zum Problem für die Gesellschaft wird.

Beißhemmung

Beißhemmung – was ist das? Hunde sind von Natur aus Jäger und deshalb mit einem Raubtiergebiss ausgestattet, das sie befähigt, Beutetiere zu fangen und zu reißen. Der ungehemmte Biss eines Hundes kann sehr gefährlich sein. Beißhemmung bedeutet, dass der Hund die Kraft seines Bisses reduziert, um sein Gegenüber nicht zu verletzen. Die Beißhemmung sorgt dafür, dass beim Spiel, aber auch bei den meisten Formen der aggressiven Auseinandersetzungen, Verletzungen weitgehend vermieden werden. Bei gut sozialisierten Hunden mit Beißhemmung kann man beobachten, dass diese nicht zubeißen, sondern drohend in direkter Nähe des Gegners in die Luft schnappen, wobei kein Zahn den Gegner berührt. Lange Zeit dachte man, dass die Beißhemmung angeboren ist, doch mittlerweile weiß man, dass diese erst erlernt werden muss.

Bereits in der Wurfkiste lernen die Welpen die Beißhemmung. Im Spiel mit den Geschwistern geht es meistens hoch her. Spielerisch wird gekämpft, gekniffen und auch schon mal zugebissen. Beißt ein Welpe beim Spiel einen seiner Geschwister zu fest, dann jault dieser laut auf und wendet sich ab oder beißt, als Reaktion auf den zu heftigen Angriff, mit gleicher Wucht zurück, um das Geschwisterchen abzuwehren. Die Art und Stärke der Gegenwehr hängt von der Stärke des Angriffes ab. Gleiches wird mit Gleichem heimgezahlt. Danach wird das Spiel abgebrochen.

Der Welpe erfährt im Spiel – auf Aktion folgt Reaktion. Schnell wird er begreifen: Beiße ich zu fest zu, endet das schöne Spiel sofort und wird für eine längere Zeit nicht wieder aufgenommen. Infolgedessen wird er vorsichtiger werden. Er bekommt eine unmittelbare Reaktion auf seine Bissstärke. Spielerisch lernt er die Grenzen des Kämpfens kennen. Welpen, die in den ersten Wochen ihres Lebens isoliert ohne Artgenossen aufwachsen, haben keine Chance, die Beißhemmung zu erlernen. Auch schlecht sozialisierte Hunde haben oftmals nicht gelernt, dass eigene Zurückhaltung auch den Kontrahenten zur Zurückhaltung

Im gemeinsamen Spiel wird die Beißhemmung erlernt.

Zeigen, was man hat!

beim Schmerzzufügen veranlasst. Die Natur hat in vielfältiger Weise einen Mechanismus geschaffen, um dem Welpen ausreichend Rückmeldungen über seine Bissstärke zu verschaffen. Fehlt diese Auseinandersetzung, kann es zu – möglicherweise irreparablen – Entwicklungsstörungen kommen.
Was nicht geübt wird, verliert sich rasch! Deshalb ist es wichtig, dass Sie die Beißhemmung Ihres Welpen weiter festigen. Er muss vor allem auch lernen, dass wir Menschen noch empfindlicher reagieren als seine Geschwister, da unsere Haut nicht von Fell bedeckt ist.

„Auuuaah", das Spiel ist aus

Manche Welpenbesitzer sehen nach ein paar Tagen aus, als ob sie mit einer Raubkatze gekämpft hätten – das muss nicht sein! Als Welpenbesitzer sollten Sie alles tun, um die Beißhemmung Ihres Welpen zu fördern. Spielen Sie mit Ihrem Welpen – fordern Sie ihn ruhig heraus, damit er Sie spielerisch beißt. Schreien Sie dann sofort laut „Auuaah-Auuaah" (ruhig übertrieben), geben Sie vor, es hätte schrecklich wehgetan und beenden Sie das Spiel sofort. Gehen Sie weg, ignorieren Sie Ihren Welpen für einen Moment. Stellt er das unerwünschte Verhalten daraufhin ein, können Sie ihn nach einiger Zeit zum Weiterspielen auffordern.
Zeigen Sie ihm deutlich die Grenzen – beißt er, dann ist das Spiel sofort aus. Ihr Welpe würde sich auch so verhalten, wenn er von einem anderen Hund zu fest gekniffen würde. Nach und nach wird er lernen, dass er seine kleinen spitzen Milchzähnchen auch bei Ihnen unter Kontrolle haben muss. Tolerieren Sie auch nicht, dass er in Ihre Kleider beißt oder daran zieht. Um dem Bedürfnis des Welpen zum Kauen und Beute zu überwältigen nachzukommen, sollten Sie ihm gezielt Spielzeug und Kauartikel anbieten, auf denen er herumkauen darf.

Welpen sollten bis zur 14. Lebenswoche gelernt haben, ihre Zähne mit Gefühl einzusetzen, und in der Lage sein, ihre Bissstärke zu kontrollieren.

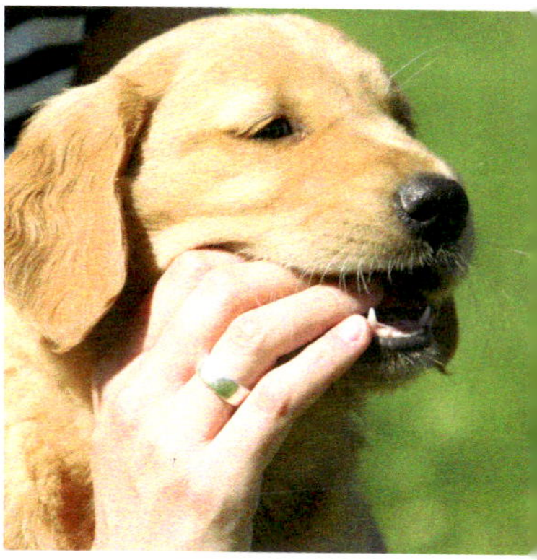

Vorsichtig nehmen

Üben Sie mit Ihrem Welpen auch Leckerchen vorsichtig aus der Hand zu nehmen. Er muss lernen, dass er mit seinem Fang nur behutsam mit einer menschlichen Hand in Berührung kommen darf. Ein gut sozialisierter Hund nimmt sogar schmackhafte Leckerchen vorsichtig aus der Hand. Ein schlecht sozialisierter Hund stößt mit dem Kopf schnell zur Hand und reißt das Leckerchen heraus. Oftmals werden dabei die Hand oder die Finger des Menschen gekniffen oder sogar verletzt. Zeigen Sie bereits Ihrem Welpen durch Ihren lautstarken Kommentar, wenn er zu schnell und zu fest zubeißt. Erst wenn er das Leckerchen sachte nimmt, kommt er zum Erfolg. Diese Spielregel ist dem Welpen aus der Welpenkiste bereits bekannt. Sind die Welpen beim Saugen zu forsch, zwicken sie die Mutterhündin in die Zitzen, dann ist es schnell vorbei mit dem Trinken, denn die Hündin steht einfach auf und geht. Der Welpe muss lernen, sich an die Regeln zu halten. Nur wer sich an die Regeln hält und angemessen reagiert, hat den gewünschten Erfolg.

Geben Sie Ihrem Welpen zu verstehen, dass er Leckerchen nur ganz sanft aus den Fingern nehmen darf.

Es ist immer wieder erstaunlich wie vorsichtig Hunde mit ihrem Gebiss umgehen können.

1 Machen Sie den Gegenstand interessant.

2 Findet Ihr Welpe das Apportel spannend, dann werfen Sie es etwas von ihm weg.

Bringen von Gegenständen

In dieser Entwicklungsphase beginnt der Welpe im Rudel das Fangen und Töten von Beutetieren zu erlernen. Zu diesem Zweck bringen die Eltern für die Welpen kleinere noch lebende Beutetiere mit ans Lager. Apportieren wird somit bereits in dieser Lebensphase erlernt. Animieren Sie deshalb im Haus oder Garten den Welpen dazu, Spielzeug aufzunehmen und zu tragen. Er muss es jedoch noch nicht zu Ihnen bringen – aufnehmen und tragen reicht erst einmal aus.

Spaß am Apportieren

Um Ihren Welpen zum Apportieren zu bewegen, suchen Sie sich ein Spielzeug, das er gerne aufnimmt und trägt. Es ist völlig egal, was es ist. Es kann einer Ihrer alten Socken sein, ein Ball, ein Stofftier oder ein Kauknoten. Bewegen Sie dieses Spielzeug vor Ihrem Welpen hin und her, spielen Sie ihm das flüchtende Beutetier vor. Machen Sie damit das Apportel für den Welpen interessant. Sobald er sich dafür interessiert und hineinbeißen möchte, haben Sie es geschafft. Werfen Sie das Spielzeug nun ein bis zwei Meter von sich weg. Läuft Ihr Welpe hinterher und stürzt sich auf das Spielzeug, loben Sie ihn. Häufig kann man dann den sogenannten Mäuselsprung beobachten. Um Beutetiere (z. B. Mäuse) zu fangen, springen Hunde ein kurzes Stück, um die Beute von oben zu greifen. Loben Sie Ihren Retriever, sobald er das Spielzeug aufnimmt und trägt. Gehen Sie in die Hocke und warten Sie ab. Versuchen Sie ihn zu sich zu locken. In der Regel gelingt dies, da Welpen in diesem Alter noch etwas unsicher sind und gerne auf das Rufen herankommen. Flüchtet er mit der Beute in die entgegengesetzte Richtung, dann üben Sie zu Hause im Flur. Da gibt es keine Möglichkeit, sich zu verstecken und er muss unweigerlich an Ihnen vorbei.

WICHTIG

Egal, was er trägt ...
Schimpfen Sie den Welpen niemals, wenn er etwas trägt, auch wenn es Ihre besten Schuhe oder eine verweste Maus ist. Freuen Sie sich darüber und locken Sie ihn zu sich heran. Tauschen Sie das was er trägt gegen etwas besonders Tolles aus.

3 Der kleine Kerl trägt seine Beute stolz zurück.

4 Loben Sie Ihren Welpen und nehmen Sie das Apportel nicht sofort ab.

5 Beenden Sie die Übung, indem Sie ihm die Beute aus dem Fang nehmen.

Zurückbringen des Apportels

Nimmt Ihr Welpe das Apportel von sich aus auf und bringt es Ihnen, dann freuen Sie sich darüber. Loben und streicheln Sie ihn am ganzen Körper. Vermeiden Sie aber in die Nähe des Apportels zu kommen. Nehmen Sie dem Kleinen sein Apportel niemals sofort ab. Vermitteln Sie ihm das Gefühl, dass es nichts Schöneres gibt als bei Ihnen zu sein. Er soll nicht das Gefühl bekommen, dass Sie ihm seine Beute streitig machen wollen. Nach ausgiebigem Lob nehmen Sie ihm das Apportel kurz ab, um es ihm gleich wieder zurückzugeben und für das Festhalten zu loben. Danach nehmen Sie ihm das Apportel mit „Aus" aus dem Fang, greifen dann erst in Ihre Tasche, holen das Leckerchen heraus und belohnen ihn damit (Timing!). Durch diesen Trainingsaufbau wird Ihr Welpe bald lernen, dass es sich lohnt, Ihnen die Beute zu bringen. Bringt Ihr Welpe das Apportel nicht zurück, sondern trägt es lieber an einen „sicheren" Ort oder kaut darauf herum, dann schenken Sie ihm keine Beachtung. Gehen Sie weg, ignorieren Sie ihn. Spielt er nicht freiwillig mit Ihnen, dann spielen auch Sie nicht mit ihm. Da das Spiel nun aufhört, wird er sein Verhalten überdenken. Alleine mit der Beute ist langweilig. So lernt er, dass es interessanter ist, Ihnen die Beute zu bringen. Laufen Sie auf keinen Fall hinter ihm her, sonst lernt er, dass er Sie so zu einem netten Fangspiel animieren kann.

VORSICHT FALLE!

Entwickeln Sie bitte jetzt noch keinen Ergeiz. Das Apportieren in diesem Alter darf nicht zur Pflichtübung werden. Das Bringen des Spielzeuges hat zudem noch nichts mit dem disziplinierten Apportieren des ausgewachsenen Retrievers zu tun. Ein zu korrekt verlangter Ablauf und zu viele Wiederholungen sind der sichere Weg, dem Kleinen das natürliche Bringen zu vermiesen. Weniger ist auf jeden Fall mehr. Zwei bis drei Retrieves in der Woche sind für einen Welpen absolut ausreichend.

Tauschgeschäft

Trägt Ihr Welpe etwas, das er nicht haben soll, können Sie versuchen, ein Tauschgeschäft mit ihm zu machen. Locken Sie ihn heran, loben Sie ihn fürs Tragen und Bringen und bieten Sie ihm dann ein Spielzeug an, das er haben darf oder tauschen Sie gegen ein Leckerchen. Doch achten Sie dabei unbedingt auf Ihr Timing! Nutzen Sie das Leckerchen als Belohnung und nicht als Bestechung!

VORSICHT

Ausspucken
Halten Sie Ihrem Welpen niemals ein Leckerchen vor die Nase, während er das Apportel im Fang hat, denn so provozieren Sie nur das Ausspucken. Da der Welpe in der Regel gierig auf Leckerchen ist, wird er das Apportel sofort fallen lassen, um schneller daranzukommen.

Meins und deins

Demonstrieren Sie Ihrem Welpen, dass er bestimmte Dinge nur bekommt, wenn Sie es möchten. Belegen Sie zu diesem Zweck Gegenstände mit einem Berührungsverbot (Tabu).
Nehmen Sie ein interessantes Spielzeug oder ein Leckerchen. Schenken Sie diesem Objekt besondere Beachtung, damit Ihr Welpe darauf aufmerksam wird. Legen Sie es dann demonstrativ in erreichbare Höhe auf den Wohnzimmertisch, auf das Sofa oder auf den Boden. Sicher wird er das begehrte Objekt haben wollen und sofort danach greifen. Sagen Sie ihm nun auf Hündisch, dass Sie das nicht möchten. Beugen Sie sich deutlich über das Objekt und knurren Sie den Welpen an. Sie können das Verbot auch mit einem tiefen knurrenden „Nein" unterstützen. Zudem können Sie sich blockierend zwischen ihn und das begehrte Objekt stellen. Er wird begreifen und zurückgehen. Hört er nicht auf Ihre Drohung, dann werden Sie massiver und schubsen ihn unsanft weg. Nun wird er verstehen. In dem Moment, in dem Ihr Welpe zurückweicht, loben Sie ihn und geben ihm ein Leckerchen zur Bestätigung. Schnell wird er so begreifen, dass es lohnender ist, sich von dem begehrten Objekt zurückzuziehen.
Lassen Sie nun das Objekt an seinem Platz liegen, wenden Sie sich ab und beschäftigen Sie sich mit anderen Dingen. Beobachten Sie Ihren Welpen jedoch genau. Er ist sicher immer noch sehr interessiert und wird versuchen, Sie zu testen. Er wird Ihre „Unaufmerksamkeit" nutzen, um doch noch an das Objekt seiner Begierde zu gelangen. Seien Sie auf der Hut! Nähert sich Ihr Welpe nun dem Tisch, dann maßregeln Sie ihn erneut mit einem strengen „Nein". Manche Welpen geben danach auf, andere testen weiter und das Prozedere wird sich noch mehrmals wiederholen. Doch bald wird es ausreichen, nur noch den Kopf zu heben und ein leises „Nein" zu knurren. Sie werden dann beobachten, dass sich Ihr Kleiner abwendet und so tut, als ob er nur zufällig vorbeigekommen wäre. Ihr Welpe wird schnell lernen, zwischen „deins und meins" zu unterscheiden. Er wird akzeptieren, dass es Orte und Dinge gibt, die nicht für ihn bestimmt sind. Achten Sie darauf, dass er die Dinge nicht bekommen kann, sobald Sie außer Sichtweite sind. Nehmen Sie diese lieber weg und bringen sie in Sicherheit. Auch müssen alle Familienmitglieder die gleichen Grenzen setzen. Was der eine verbietet, sollte der andere nicht erlauben.

Umwelteindrücke sammeln

Geben Sie Ihrem neuen Familienmitglied genügend Zeit, sich in seinem neuen Zuhause einzugewöhnen. Ein kurzer Ausflug in den Garten reicht in den ersten Tagen völlig. Überall gibt es für den Kleinen etwas Neues zu entdecken. Ein acht Wochen alter Welpe ist sehr unternehmungslustig. Lassen Sie ihn nicht alleine im Garten, erleben Sie mit ihm gemeinsam das Entdecken der unbekannten Welt. Jeder Ausflug ist ein echtes Feuerwerk verschiedenartiger neuer Reize, die der junge Hund erst einmal verarbeiten muss.

Die Welt aus Hundeaugen

Betrachten Sie die Welt mit den Augen des Welpen, für ihn ist alles neu. Auch Dinge, denen wir keine Beachtung mehr schenken, da sie für uns alltäglich sind. So erlebt er jeden Baum, jeden Strauch, jedes Schild, jedes Auto, jeden Zaun, jeden Kanaldeckel, jeden Papierkorb, jede Parkbank als etwas Neues. Aber auch die Geräusche, die uns umgeben, sind neue Eindrücke für ihn. So nimmt er das Vogelgezwitscher wahr oder die Polizeisirene, das Klingeln an der Haustür oder die Geräusche der Nachbarn. Auch andersartige Gerüche und verschiedene Untergründe nimmt er als neue Erfahrung wahr. So ist es etwas völlig anderes, über einen Kiesweg zu gehen als über eine Wiese zu laufen oder über einen Gitterrost. Einfach alles, was ihm begegnet, ist interessant und erregt seine Aufmerksamkeit oder macht ihm Angst. Lassen Sie Ihren Welpen in dieser Zeit viele verschiedene Eindrücke sammeln, dann kann ihn auch in der Zukunft so leicht nichts mehr erschüttern. Aber Vorsicht, überfordern Sie ihren kleinen Retriever nicht. Es kommt auf das richtige Maß an, der Welpe muss behutsam mit der Umwelt vertraut gemacht werden, er muss die Möglichkeit haben, die neuen Eindrücke zu verarbeiten.

Machen Sie Ihren Welpen behutsam mit seiner neuen Umwelt vertraut.

Es gibt viel zu entdecken!

Erste Schrittchen vor die Tür

Hat Ihr Welpe nach einigen Tagen Vertrauen zu Ihnen gefasst, hat er Sie als Sozialpartner akzeptiert, kann es losgehen. Nun können Sie die nähere Umgebung erkunden und die ersten kleinen Abenteuer gemeinsam bestehen. Nach und nach können Sie den Garten verlassen und zusammen mit Ihrem Welpen die Umwelt erkunden. Manche verlassen allerdings nicht gerne ihre bekannte Umgebung. Nehmen Sie den Welpen besser auf den Arm, tragen Sie ihn das erste Stück und setzen Sie ihn dann vorsichtig ab. Vom Instinkt geleitet, wird er Ihnen folgen, denn er möchte Sie nicht verlieren. Lassen Sie ihm Zeit, seine Umwelt und alle Dinge zu erkunden, die sein Interesse erregen. Verweilen Sie auch einmal an interessanten Stellen etwas länger. Machen Sie eine Pause, setzen Sie sich zu ihm, kuscheln Sie etwas mit ihm, vermitteln Sie ihm durch den Körperkontakt Sicherheit. In unbekannten Situationen sind Welpen schnell gestresst. Beobachten Sie die Reaktion Ihres Welpen genau. Durch sein Verhalten wird er Ihnen unvermittelt zeigen, wann es ihm zu viel wird. Schnauze lecken, gähnen, kratzen usw. sind Übersprungshandlungen, die ein deutliches Indiz dafür sind, dass er in der jetzigen Situation überfordert ist.

VORSICHT

Instabile Phase
Zwischen der 8. und 10. Lebenswoche durchlebt der Welpe eine Phase emotionaler Instabilität. Setzen Sie ihn in diesen Wochen keiner angsteinflößenden Situation aus, damit er keine dauerhaften Phobien entwickelt.

WICHTIG

Faustregel
Die Länge des Spazierganges sollte dem Alter und der Belastbarkeit des Welpen angepasst werden. Die meisten Besitzer belasten ihre Welpen unwissentlich zu viel. Auch Spielphasen (z. B. die Bewegung in der Welpengruppe) müssen als Bewegungsphasen berechnet werden. Diese Phasen sollten im ersten Lebensjahr eine Dauer von ca. 20 Minuten nicht überschreiten.

Länge der Spaziergänge

Übertreiben Sie Ihre Ausflüge nicht, wenige hundert Meter sind anfänglich genug. Bedenken Sie, Welpen haben noch weiche Knochen, die extremen Belastungen nicht standhalten. Beobachtet man Welpen in Situationen, in denen sie selbst entscheiden können, wann sie sich bewegen und wann nicht, kann man sehen, dass auf eine intensive Bewegungsphase unmittelbar eine Ruhephase folgt. Gehen Sie nicht nach dem Motto vor: „Er weiß schon, wann es genug ist". Der Welpe wird Ihnen auch auf kleinen Spaziergängen über seine Belastungsgrenze hinaus folgen, da er sein Rudel nicht verlieren darf, denn sein Überleben hängt davon ab. Sie müssen deshalb unbedingt auf die kleinsten Ermüdungsanzeichen reagieren und eine Pause einlegen oder ihn für einen Moment tragen, damit er sich wieder erholen kann.

Körperliche Belastbarkeit

Die ersten Wochen sind eine schwierige Zeit – eine Gratwanderung zwischen Sozialisation und Überforderung. Überlegen Sie deshalb genau, wo Sie mit Ihrem Welpen welche neuen Erfahrungen sammeln möchten. Wo ist es sinnvoll? Wo weniger? Wo wird er überfordert? Fahren Sie lieber auch kurze Wegstrecken mit dem Auto oder tragen Sie ihn einen Teil des Weges. Packen Sie ihn aber nicht in Watte, er muss für seine gesunde Entwicklung Erfahrungen sammeln können. Während der Zeit des intensiven Wachstums, also zwischen dem 1. und dem 9. Lebensmonat, sind die Knochen und Knorpel noch sehr weich. Das Skelett des Welpen ist noch überwiegend knorpelig, die Verknöcherung gerade erst eingeleitet. In den ersten Lebensmonaten darf ein Welpe deshalb nicht sehr stark belastet werden.

HUNDEMÜDE

Der Welpe wird seinem Menschen so lange folgen, wie er es körperlich vermag. Setzt er sich hin, ist er bereits hundemüde und überfordert. Deshalb sollten Spaziergänge zu Beginn nur wenige hundert Meter betragen.

Starke mechanische Beanspruchung, wie lange Spaziergänge oder Spielphasen mit anderen Hunden (achten Sie auch auf das Körpergewicht der Spielpartner) und auch zu wilde Spiele mit Kindern, können bleibende Schäden verursachen. Schäden im Gelenkknorpel können zu dauerhaften Arthrosen führen. Die Ansatzstellen von Sehnen und Bändern erreichen erst nach Abschluss der intensiven Wachstumsphase ihre volle Belastbarkeit. Gelenkerkrankungen des Retrievers sind genetisch bedingt, die Schwere der Erkrankung kann jedoch durch die Haltungsbedingungen (Belastung und Ernährung) beeinflusst werden.

Gemeinsam lassen sich alle Hindernisse meistern.

Lassen Sie Ihren Welpen möglichst nicht von etwas herunterspringen oder steile Abhänge hinunterrennen, denn hier muss er das ganze Gewicht mit seinen noch weichen Gelenken abfangen. Hinaufsteigen stärkt hingegen die Rückenmuskulatur. Vermeiden Sie deshalb, dass Ihr Welpe Treppen hinuntersteigen muss. Ist er zu schwer zum Tragen, dann kontrollieren Sie ihn an der Leine, sodass er die Treppe langsam und kontrolliert hinunterläuft. Versperren Sie die Treppen mit einem Kindergitter, damit Ihr Welpe nicht unkontrolliert laufen kann. Heben Sie ihn auch ins Auto hinein und wieder heraus (siehe S. 100).

Kontakt mit Artgenossen

Welpenschutz – ein Mythos

Dass Welpen im Umgang mit erwachsenen Hunden uneingeschränkten Schutz genießen, hört man fast auf jedem Spaziergang. Trifft man auf einen anderen Hundebesitzer, hört man in der Regel folgenden Satz: „Lassen Sie den Kleinen ruhig laufen, er hat doch Welpenschutz." Doch Vorsicht – verlassen Sie sich nicht darauf! Bei fremden Hunden, die man nicht kennt, sollte man sich genau überlegen, ob es sinnvoll ist, seinen Welpen mit diesem Hund spielen zu lassen. Man unterliegt einem gefährlichen Irrtum, wenn man sich auf den „Welpenschutz" verlässt. Es ist nämlich ein absolutes Ammenmärchen, dass erwachsene Hunde gegenüber Welpen eine angeborene Beißhemmung haben. Fälschlicherweise werden die Hunde, die diesen Codex nicht befolgen, sogar als asozial und verhaltensgestört eingestuft. Tatsächlich haben Welpen bei erwachsenen Hunden oft relative Narrenfreiheit. Um dies zu verstehen, muss man sich das Hundeverhalten etwas genauer betrachten.

Verhalten der Mutterhündin gegenüber den Welpen

Nachdem eine Hündin ihre Welpen geworfen hat, kommt es vor, dass sie Welpen, die von ihr als nicht lebenswert betrachtet werden, achtlos verhungern lässt oder sogar aktiv tötet. Eine instinktsichere Hündin bemerkt sofort abweichendes Verhalten ihrer Welpen und handelt im Interesse des Rudels, um dieses nicht zu schwächen. Schon jetzt zeigt sich, dass Welpenschutz kein biologisches Grundgesetz sein kann.

In den ersten Wochen hat die Hündin sehr viel Geduld mit ihren Welpen.

Eine Hündin wird in den ersten Tagen nach dem Werfen ihre gesunden Welpen jedoch gegen Rudelmitglieder und Feinde massiv verteidigen. Die Welpen sind für alle tabu. Sollte die Mutterhündin an einen übermächtigen Gegner geraten, wird sie ihre Welpen jedoch dem Widersacher preisgeben. Sie wird auf jeden Fall vermeiden, selbst ernsthaft verletzt oder gar getötet zu werden. Denn bedingt durch eine schwere Verletzung könnte sie ihre Welpen auch nicht mehr versorgen. Zudem wahrt sie mit diesem Verhalten ihre Chance auf weiteren Nachwuchs. Mit zunehmendem Alter der Welpen wird die Mutterhündin jedoch lockerer, die Welpen werden immer mehr ins Rudel integriert.

VORSICHT

Welpenschutz
Der Begriff „Welpenschutz" ist ein gefährlicher Mythos. Wenn überhaupt, kann man nur in den ersten Tagen davon sprechen, wenn die Mutterhündin ihre gesunden Welpen gegen zudringliche Rudelmitglieder und gegen unterlegene Feinde schützt.

Ende der Narrenfreiheit

Stützt man sich auf die führenden Verhaltensforscher wie Zimen oder Trumler, kann man im engeren Sinn bestenfalls die ersten drei Monate als Welpenzeit bezeichnen. Nimmt man den Umgang der Elterntiere mit Nachwuchs in einem intakten Rudel zum Maßstab, stellt sich bereits nach acht Wochen eine wichtige Veränderung ein. In dieser Zeit dürfen die Welpen innerhalb ihres eigenen Rudels beliebig über die Stränge schlagen und sich den Alten gegenüber fast alles herausnehmen. Gegenüber fremden Hunden müssen sie jedoch von Anfang an mit Konsequenzen rechnen.
Die „Erziehung" im Rudel beginnt etwa ab der 8. Lebenswoche. Jetzt müssen die Welpen zunehmend mit Konsequenzen für ungehöriges Verhalten rechnen. Von den anderen Rudelmitgliedern werden sie jetzt in die Schranken gewiesen. Sie lernen nun, sich in die Rangordnung einzugliedern und diese zu akzeptieren – nur so werden sie wertvolle Rudelmitglieder. Die Erziehung im Rudel erfolgt ausgesprochen autoritär. Trumler rät den Züchtern nicht ohne Grund, genau zu diesem Zeitpunkt die Welpen abzugeben.

Ungehöriges Verhalten der Welpen wird von einer instinktsicheren Hündin jedoch nicht geduldet.

Hundekontakte auf dem Spaziergang

Treffen Sie auf einem Spaziergang einen erwachsenen Hund, dann fragen Sie zuerst den Besitzer, wie sich sein Hund gegenüber Welpen verhält. Kann er Ihre Frage nicht eindeutig beantworten oder erzählt er Ihnen etwas vom Welpenschutz, dann sollten Sie lieber auf eine nähere Begegnung verzichten. Negative Erfahrungen mit anderen Hunden sollten Sie vermeiden, denn diese prägen unter Umständen Ihren Welpen für sein ganzes Leben. Treffen Sie beim Spaziergang auf fremde Hunde, sollten Sie Ihren Welpen immer im Auge behalten. Im Notfall nehmen Sie den Kleinen einfach auf den Arm, um Schlimmeres zu verhindern. Dennoch dürfen Sie auch nicht übervorsichtig reagieren, kleinere angemessene Zurechtweisungen eines erwachsenen Hundes sind absolut erwünscht. Nur so kann Ihr Welpe richtiges Hundeverhalten erlernen. Packen Sie Ihren Welpen nicht in Watte, lassen Sie ihm die Zeit und Möglichkeit, seine Artgenossen und seine Umwelt zu erkunden. Bei Begegnungen und beim Spiel mit anderen Hunden sollten Sie Ihrem Welpen die Möglichkeit geben, seine Kommunikationsfähigkeiten zu erlernen und zu verbessern.

WICHTIG

Fremde Hunde
Jeder Welpenbesitzer sollte vorsichtig handeln und genau prüfen, mit welchen fremden Hunden er seinem Welpen den Umgang gestattet. Man trifft immer wieder Hunde, die nicht richtig sozialisiert wurden, da ihre Besitzer nicht die nötigen Voraussetzungen mitbringen.

Was kann toleriert werden?

Erwachsene Hunde sind meist sehr gutmütig und vorsichtig zu Welpen und Junghunden, aber verlassen dürfen Sie sich darauf nicht. Bereits Trumler verweist auf den Anspruch der Alttiere, mit Respekt behandelt zu werden. Zeigt sich Ihr Welpe aber sehr stürmisch und unbesonnen, dann riskiert er strenge Maßregelungen des Althundes. Ihr kleiner Retriever sollte bei der Begrüßung eines Althundes sehr zurückhaltend sein und deutliche Demutsgesten zeigen. Zeigt er ein respektvolles Verhalten, dann behandeln instinktsichere Hunde ihn auch freundlich und zeigen sich spielbereit.

Ausgeglichenes Spiel mit einem ausgewachsenen Hund. Der „Althund" hat sich hingelegt und begibt sich so auf die Höhe des Welpen.

Bei erwachsenen, instinktsicheren Hündinnen kommt es durchaus vor, dass sie fremde Junghunde und Welpen wegbeißen! Rüden dagegen sind großzügiger. Es kommt nicht selten vor, dass ein stattlicher Rüde großes Interesse an einem Welpen zeigt und dieses kleine Knäuel sogar zum Spielen auffordert. Oftmals wirft der Althund sich vor dem Welpen auf den Rücken und lässt sich von ihm beriechen und belecken. Unterbrechen Sie ein solches Spiel nicht. Diese Begegnungen sind sehr wichtig für die Entwicklung Ihres Welpen und sinnvoller als lange Spaziergänge, auf denen man nichts weiter mit dem Welpen unternimmt.

Zurechtweisung durch einen Althund

Was bedeutet es aber, wenn ein Fremdhund sich auf Ihren Junghund stürzt und diesen angreift? Kann man in diesem Fall von asozialem Verhalten reden? Sicher gefällt uns ein solches Verhalten nicht, aber es kann unter Umständen natürliches Hundeverhalten sein. Oftmals gehen Althunde den stürmischen Welpen lieber aus dem Weg. Deutlich signalisiert der Althund dem Welpen durch Weggehen oder Wegdrehen des Kopfes, dass er mit dem Kleinen nichts zu tun haben will. Auch nach einem Spiel mit dem Welpen kann er deutlich zeigen, dass er dieses nun beenden will. Manchmal akzeptiert der Welpe diese deutlichen abweisenden Zeichen des älteren Artgenossen nicht. Er versucht weiterhin die Aufmerksamkeit des Älteren zu erregen, beißt diesen spielerisch in den Schwanz, in den Hals, in die Ohren oder springt ihn auffordernd an, um ihn zu einem Spiel zu animieren. Durch diese Aktionen belagert er den älteren Hund förmlich ohne dessen Einverständnis. Der Welpe nimmt den Althund offensichtlich nicht ganz ernst. Ein gut sozialisierter älterer Hund warnt den Welpen durch Knurren oder Brummen, wendet den Schnauzengriff an und zieht sich deutlich zurück.

Kneifst du mich, so kneif ich dich! Hier lernt der Welpe seine Zähne vorsichtig einzusetzen. Beißt er zu fest zu, bekommt er es sofort zu spüren.

Begegnung auf der Wiese. Zuerst eine vorsichtige Annäherung ...

Reagiert der Welpe immer noch nicht auf diese nun deutlichen Vorwarnungen des Erwachsenen, ist es völlig normal, dass dieser den forschen Wicht fühlbar in die Schranken weist. Selbst wenn der Welpe in dieser Situation durch das Lecken der Lefze des Althundes zu beschwichtigen versucht, riskiert er einen Verweis. Der Althund möchte einfach nur seine Ruhe haben. Dieser Verweis kann durchaus auch lauter und gefährlicher klingen. Kleine Kratzer sind in einer solchen Situation absolut tolerierbar. Wer nicht hören will, muss fühlen; der Welpe bekommt die Grenzen seiner Hemmungslosigkeit zu spüren. So lernt er seine Grenzen beim jeweiligen Gegenüber kennen. Der Althund erzieht den Welpen aus eigenem Interesse, wird diesen jedoch nicht absichtlich ernsthaft verletzen. Letzten Endes garantiert der Welpe rein biologisch das Fortbestehen des Rudels und dient damit der eigenen Sicherheit. Hat der Althund den Welpen deutlich gewarnt, liegt kein asoziales Verhalten vor, auch wenn es uns missfällt, es ist völlig normales Hundeverhalten.

Spiel mit Junghunden

Begegnen Sie auf Ihrem Spaziergang einem (oder mehreren) fremden, halbwüchsigen Artgenossen, kann es ganz schön zur Sache gehen. Vielfach kann man ziemlich grobes Verhalten zwischen den Halbstarken beobachten. Sie als Rudelchef sollten, wenn es zu viel für Ihren Welpen wird, die Halbstarken in ihre Grenzen weisen. Es ist Ihre Aufgabe, Ihrem Welpen ein Gleichgewicht aus Sicherheit und dem Gefühl, für sein Verhalten auch geradestehen zu müssen, zu vermitteln. Haben Sie das Gefühl, Ihr Welpe kann sich dem Spiel nicht mehr erwehren und möchte der Situation entkommen, sucht er z. B. auch Ihre Nähe auf, dann geben Sie ihm den nötigen Schutz und brechen das Spiel ab. Unterbrechen Sie auch das Spiel, wenn das Gelände Löcher, hervorstehende Wurzeln oder Ähnliches aufweist. Sie sollten immer darauf achten, dass Ihr Welpe nicht überbeansprucht wird bzw. sich verletzt.

WICHTIG

Kontakte
Der Welpe sollte regelmäßig Kontakt zu gut sozialisierten Artgenossen haben, denn keine Erfahrungen sind mit schlechten Erfahrungen gleichzusetzen.

...dann ein ausgelassenes Spiel.

Welpenspielgruppen und Welpenschulen

Vielerorts werden zur Sozialisation und Prägung der Welpen Welpenspielgruppen angeboten. In gut geführten Welpengruppen kann man eine gute Basis schaffen. Doch sollte man vor dem ersten Besuch die Welpenspielgruppe genau unter die Lupe nehmen! Was wird angeboten? Haben die Kleinen nur die Möglichkeit miteinander zu spielen? In einem solchen Fall würde ich Abstand von einer solchen Welpenspielgruppe nehmen. Achten Sie darauf, dass der Welpe nicht die Verknüpfung lernt: Artgenossen = Spiel. Er sollte vielmehr lernen, dass Sie als Mensch sein wichtigster Sozialpartner sind.

KENNZEICHEN EINER GUTEN WELPENGRUPPE

- Im Kurs sind nur Welpen etwa im gleichen Alter. Sonst kann es passieren, dass die Kleinen von den Großen gemobbt werden.
- Der Trainer hat selbst einige Welpen ausgebildet.
- Es werden verschiedene Erziehungsmodelle angeboten, die auf den jeweiligen Hund abgestimmt werden. Vorsicht vor einer Erziehungsmethode, mit der jeder Hund konfrontiert wird.
- Ziel des Trainings sollte immer die Bindung an und das Vertrauen in den Besitzer sein.
- Nicht das Spiel der Welpen miteinander sollte im Vordergrund stehen, sondern die Steigerung des Interesses des Welpen an seinem Menschen.
- Die Welpen werden an verschiedene Umweltreize herangeführt.
- Es wird regelnd in das Spiel der Welpen eingegriffen.
- Die Spielphasen sollten eine kurze Dauer haben.
- Kontakt zu gut sozialisierten erwachsenen Hunden wird ermöglicht.
- Erste Erziehungsspiele werden durchgeführt.
- Fragen über Ausbildung und Erziehung werden kompetent beantwortet und Theoriestunden ohne Hund angeboten.
- Fragen über Erkrankungen, Impfungen, Entwurmung werden beantwortet.
- Hundebesitzer bekommen die Möglichkeit, sich selbstständig weiterzubilden (Bücher, Seminare).
- Es werden Hundeschulen empfohlen, die eine zukünftige Verwendung des Hundes besser vorbereiten können (z. B. Rettungshunde).

Unterwegs mit dem Auto

Das Auto ist aus dem Leben des Menschen nicht mehr wegzudenken. Das bedeutet, dass auch der Hund sich an das Autofahren gewöhnen muss. In der Regel ist das kein Problem, denn der Hund lernt schnell, dass das Auto der Schlüssel zu gemeinsamen Unternehmungen ist. Schon bald ist er voller Vorfreude, wenn man mit ihm zum Auto geht. Idealerweise sollte der Welpe bereits erste Erfahrungen mit dem Autofahren beim Züchter gemacht haben. Am besten in der Sicherheit des vertrauten Rudels, also zusammen mit seinen Geschwistern und seiner Mutter. Hat der Welpe während seiner ersten Autofahrt positive Erfahrungen gemacht, wird er in der Regel auch später keine Probleme damit haben. Viele Züchter nutzen diese Autofahrten, um mit den Welpen kurze Ausflüge in die nahe Natur zu unternehmen.

Erste Erfahrungen mit dem Autofahren sollte der Welpe bereits beim Züchter gemacht haben.

AUTOFAHREN IST SPITZE!

Der Welpe soll das Autofahren mit angenehmen Dingen verbinden. Deshalb ist es wichtig, dass immer etwas Positives passiert, wenn Sie mit ihm im Auto unterwegs sind. Stehen am Ende einer Autofahrt gemeinsame Unternehmungen an, wird Ihr Welpe bald voller Vorfreude mit zum Auto gehen.

Die Fahrt ins neue Heim

Zum Abholen Ihres Welpen beim Züchter sollten Sie unbedingt eine Begleitperson mitnehmen. Am besten ist, wenn die Begleitperson die Rückfahrt übernimmt und Sie Ihren Welpen während der Fahrt auf den Schoß nehmen oder ihn vor sich im Fußraum platzieren. Legen Sie ein Handtuch oder eine Decke in den Fußraum, damit er es gemütlich hat.
Vor der Autofahrt sollte der Welpe nicht gefüttert werden, damit es ihm während der Fahrt nicht übel wird. Füttern Sie ihn erst, wenn Sie zu Hause angekommen sind. Vor der Abfahrt können Sie kurz noch einmal mit ihm spazieren gehen, damit er sich lösen kann. Seien Sie gut vorbereitet. Nehmen Sie zur Sicherheit eine Rolle Haushaltspapier, ein Handtuch und einen Plastikbeutel mit, dann sind Sie gut ausgerüstet, falls sich Ihr Welpe doch erbrechen muss oder ihm ein Malheur passiert.
Fahren Sie auf direktem Weg nach Hause. Sollten Sie eine weite Fahrtstrecke haben, müssen Sie spätestens nach zwei Stunden dem Welpen eine Pause gönnen. Nehmen Sie auch einen Napf und etwas Wasser mit, damit Sie ihm in den Pausen etwas zu trinken geben können. Übrigens: Auch Welpen reagieren auf beruhigende Musik, packen Sie deshalb eine Klassik-CD mit ein.

Anzeichen von beginnender Übelkeit

Zuerst wird es um den Nasenschwamm herum feucht. Dann öffnet er das Maul und beginnt mit heraushängender Zunge zu hecheln und um sein Maul herum wird es feucht. Durch die erhöhte Speichelbildung bilden sich bald lange Speichelfäden. Man sieht dem Welpen förmlich an, dass ihm unwohl ist. Bald darauf wird er sich erbrechen. Wenn Sie diese Anzeichen bemerken, sollten Sie die Fahrt unterbrechen und etwas mit Ihrem Welpen spazieren gehen. Gönnen Sie ihm eine kleine Pause, damit er sich wieder beruhigen kann. Die negative Assoziation Auto = Übelkeit sollte erst gar nicht entstehen.

Nach der Autofahrt folgt ein spannender Ausflug. Zusammen mit der Mama werden die ersten Abenteuer bewältigt.

Autofahren gezielt trainieren

Hat Ihr Welpe die erste Autofahrt nicht gut vertragen, sollten Sie ihn erst einmal gezielt an das parkende Auto gewöhnen. Lassen Sie ihn im Innenraum des Autos fressen oder spielen Sie dort mit ihm. Er wird lernen, dass der Aufenthalt im Auto angenehm für ihn ist. Bald können Sie den Motor für einen Moment starten, damit er sich auch daran gewöhnt. Er wird sicher die Situation schnell akzeptieren.
Für die erste Autofahrt sollten Sie nur eine kurze Strecke über Nebenstraßen wählen. Fahren Sie ganz langsam um die Kurven, damit es Ihrem Welpen nicht übel wird, versuchen Sie auch nicht abrupt zu bremsen oder zu beschleunigen. Ihr kleiner Retriever muss sich langsam an die Fahrt- und Motorengeräusche sowie an die Bewegungen des Autos gewöhnen. Nehmen Sie eine Begleitperson mit, die sich während der Fahrt um den Welpen kümmern kann. Auch ein erfahrener älterer Hund kann sehr hilfreich sein. Integrieren Sie kurze Autofahrten einfach in den normalen Tagesablauf. Auf kurzen Fahrten zum Bäcker, zur Post, zur Reinigung etc. kann Ihr Welpe Sie schon bald begleiten.

ÜBELKEIT

Anhaltende Übelkeit kann damit zusammenhängen, dass das Gleichgewichtsorgan des Welpen noch nicht vollständig entwickelt ist. Mit zunehmendem Alter werden die Probleme in der Regel weniger. Hält die Übelkeit jedoch an, sollten Sie mit Ihrem Tierarzt darüber sprechen. Er kann Ihnen ein homöopathisches Medikament gegen den Schwindel verschreiben. So können Sie Ihrem Welpen die Fahrt im Auto erträglicher machen.

Der richtige Platz im Auto

Bei den ersten Fahrten kann der Welpe auf Ihrem Schoß (wenn Sie das Auto nicht selbst lenken!) oder im Fußraum vor dem Beifahrersitz mitfahren. Achten Sie darauf, dass er auf diesem Platz ruhig liegen bleibt. Unterbinden Sie mit Nachdruck, wenn er durchs Auto laufen oder gar auf dem Schoß des Fahrers Platz nehmen möchte.
Doch schon bald wird er größer und findet im Fußraum nicht mehr genügend Platz. Spätestens ab diesem Zeitpunkt sollte man ihn an den Platz gewöhnen, an dem er auch als erwachsener Hund im Auto fahren soll.
Ein Hund muss sicher im Auto untergebracht werden. Alle Vorsichtsmaßnahmen dienen Ihrer und seiner Sicherheit, denn schnell wird bei einem Unfall aus einem ungesicherten Hund ein gefährliches Geschoss. Nicht selten wird der Hund und durch ihn auch die mitfahrenden Personen schwer verletzt.

Der Welpe muss lernen, so lange im Auto zu warten, bis man ihn heraushebt. Ältere Hunde dürfen erst auf ein Signal hin aussteigen (z. B. „Hopp“).

Ein ideales Hundeauto ist ein Kombi, in dem der Hund im Kofferraum bequem untergebracht werden kann. Sichern Sie die Fahrgastzelle, in dem Sie den Kofferraum mithilfe eines Gitters oder Netzes abtrennen. Achten Sie jedoch darauf, dass der Welpe im Kofferraum nicht zu viel Platz hat. Er könnte sonst hin und her fallen und so Angst bekommen. Ideal ist deshalb, wenn Sie den Hund in einer geeigneten Transportbox (siehe S. 62) bequem und sicher reisen lassen. Muss Ihr Hund auf dem Rücksitz fahren, dann müssen Sie ihn mit einem speziell für Hunde entwickelten Sicherheitsgurt absichern. Diesen Sicherheitsgurt bekommen Sie im Fachhandel (auf das TÜV-Zeichen achten).

Verkehrssicheres Ein- und Aussteigen

Auch verkehrssicheres Ein- und Aussteigen muss geübt werden! Schon der Welpe muss lernen, sicher in und aus dem Auto ein- und auszusteigen. Er muss lernen, dass er ohne Signal nicht in das oder aus dem Auto springen darf. Lassen Sie Ihren Welpen vor dem Auto sitzen, bevor Sie die Heckklappe bzw. die Tür der Transportbox öffnen. Heben Sie ihn dann ins Auto und leinen ihn erst jetzt ab. Ebenso sollten Sie beim Aussteigen verfahren. Lassen Sie Ihren Welpen sitzen, öffnen Sie dann die Heckklappe, leinen Sie ihn an und heben ihn dann aus dem Auto. Er lernt schnell, dass die Klappe erst aufgeht, wenn er sitzt.

Bis zu einem Lebensalter von zwölf Monaten sollten Sie den Hund ins Auto hinein- und aus dem Auto herausheben. Die Knochen des Welpen sind noch weich, vermeiden Sie unbedingt, dass er aus dem Auto springt. Erst ab dem 12. Lebensmonat können Sie Ihrem Hund beibringen, auf Signal (z. B. „Hopp“) ein- bzw. auszusteigen.

Gesundheitsvorsorge

Bei der Abholung ist der Impfschutz des Welpen noch nicht abgeschlossen! Einige Züchter raten deshalb, den Welpen bis zur vollständigen Grundimmunisierung zu isolieren, um das Risiko einer Erkrankung auszuschließen. Doch ist eine Isolation sinnvoll? Die Prägung und Sozialisation eines Hundes findet in den ersten vier Lebensmonaten statt. Isoliert man ihn in dieser Zeit, so nimmt man ihm entscheidende Erfahrungen und schafft bewusst schlechte Lebensvoraussetzungen. Das Risiko, einen Hund mit Verhaltensproblemen zu bekommen, ist bei einem isoliert aufwachsenden Welpen durch fehlende Umwelterfahrungen und fehlende soziale Kontakte sehr groß; das Risiko einer Erkrankung bei einem Welpen, der gezielt sozialisiert und geprägt wird, jedoch relativ klein. Nehmen Sie Ihrem Welpen durch übertriebene Vorsichtsmaßnahmen nicht die Chance, zu einem wesensfesten Hund heranzuwachsen.

IMPFSCHEMA FÜR DEN WELPEN

8 Wochen	Staupe, Parvovirose, Hepatitis, Leptospirose
12 Wochen	Staupe, Parvovirose, Hepatitis, Leptospirose, Tollwut
16 Wochen	Staupe, Parvovirose, Tollwut
15 Monate	Staupe, Parvovirose, Hepatitis, Leptospirose, Tollwut

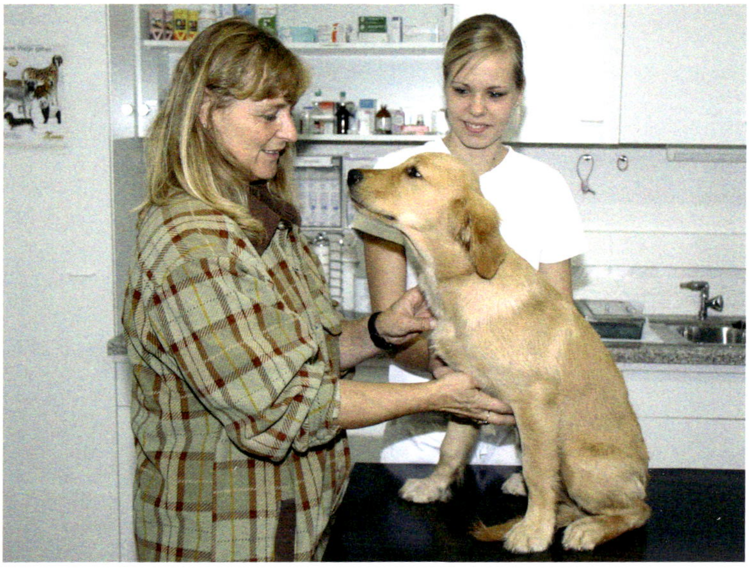

IMPFSCHEMA FÜR WIEDERHOLUNGS-IMPFUNGEN (ab dem 2. Lebensjahr)

Tollwut	Die Tollwutschutzverordnung vom 20.12.2005 empfiehlt die auf der Packungsbeilage des Impfstoffes aufgeführten Wiederholungsimpftermine einzuhalten.
Staupe	In dreijährigem Rhythmus.
Parvovirose	In dreijährigem Rhythmus.
Hepatitis	Keine Impfempfehlung, da diese Krankheit nur noch selten beobachtet wird.
Leptospirose	Jährliche Wiederholungsimpfungen.
Vorsicht:	In Endemiegebieten halbjährlich.

Impfempfehlung des Bundesverbandes praktizierender Tierärzte (Stand: Juli 2006)

Ist eine Grundimmunisierung erreicht, hält der Impfschutz je nachdem, ob es sich um virale oder bakterielle Antigene handelt, unterschiedlich lange. Bei viralen Antigenen wie z. B. Tollwut, Staupe, Parvovirose, Hepatitis hält er mindestens drei Jahre, bei bakteriellen Antigenen wie z. B. Leptospirose weniger als ein Jahr. Deshalb muss hier der Impfschutz häufiger aufgefrischt werden.

Entwurmung

Welpen sind über die Milch der Mutterhündin mit Würmern infiziert. Dies lässt sich auch durch den sorgfältigsten Züchter nicht vermeiden. Wird der Welpe nicht ausreichend entwurmt, sind die Folgen besonders schwerwiegend. Der Züchter beginnt den Welpen schon im Alter von zwei Wochen erstmals zu entwurmen und wiederholt dies etwa alle ein bis zwei Wochen. Holen Sie den Welpen mit acht Wochen beim Züchter ab, müssen Sie diese Aufgabe übernehmen.
Fragen Sie Ihren Züchter unbedingt nach dem Namen des Entwurmungsmittels, welches er dem Welpen verabreicht hat. Mit Ihrem Tierarzt sollten Sie dann den weiteren Entwurmungsplan besprechen. Abhängig vom Präparat, das der Züchter verwendet hat, wird Ihr Tierarzt Ihnen ein geeignetes Entwurmungspräparat empfehlen.
Durch den engen Kontakt mit einem wurmbefallenen Tier kann sich auch der Mensch mit einigen Arten infizieren. Sowohl für Hunde als auch für Menschen sind Würmer ein Gesundheitsrisiko. Das regelmäßige Entwurmen ist nicht nur entscheidend für die Gesundheit Ihres Tieres, sondern auch für die Gesundheit Ihrer Familie!

WURMKUR

ab der 2. Lebenswoche:
- alle ein bis zwei Wochen

ab der 8. Lebenswoche:
- alle zwei Wochen

ab der 12. Lebenswoche:
- vierteljährlich

Die 13. bis 16. Lebenswoche (Rangordnungsphase)

Der Platz in der Familie

Die folgende Entwicklungsphase, welche etwa von der 13. bis zur 16. Lebenswoche dauert, bezeichnet Trumler als „Rangordnungsphase“. Trumler versteht Rangordnung jedoch nicht als lineare Anordnung kräftemäßig unterschiedlicher Hunde eines Rudels, sondern definiert Rangordnung als die Anerkennung unterschiedlicher Fähigkeiten innerhalb des Rudels.

RANGORDNUNGSPHASE
WAS FINDET IN DIESER ZEIT STATT?

Entwicklung des Welpen

- Die Welpen sind noch an das Lager gebunden, das sie freiwillig nicht weiträumig verlassen. Nur die Alttiere verlassen es, um zu jagen.
- Sie fordern jetzt ein Leitbild, an dem sie sich orientieren können und testen ihre Grenzen aus.

Aktivitäten des Welpen

- Rangordnungsfindung und Gruppenorganisation durch Spiel und gemeinsames Lernen.

Rangordnungsfindung

Rangordnung im Rudel

Ab diesem Alter verlangt der Welpe nach einem Leitbild, nach einer anerkennenswerten Autorität, die ihm seine Existenz sichert. In der Natur würde der erwachsene Rüde nun dem Welpen mit Spielraufen eindeutig zeigen, wer im Rang höher steht. Der Welpe lernt auch im Spiel mit seinen Geschwistern ganz spielerisch seine Stellung in der Rangordnung. Diese Scheinkämpfe (Komentkämpfe) dienen dazu, die Reaktionsgeschwindigkeit, die psychische Widerstandskraft und die Geschicklichkeit des anderen zu testen. Nicht das größte und stärkste Tier steigt in der Rangordnung, sondern das, welches physisch und psychisch die Nase vorn hat. Die Intelligenz wird stärker gewichtet als die körperliche Kraft.
Ist erst einmal die Rangordnung innerhalb der Welpenschar des Rudels gebildet, wird diese auch nicht mehr in Frage gestellt. Fortwährende Rangordnungskämpfe würden das Rudel schwächen, es könnte nicht überleben.

Klare Regeln schaffen Vertrauen.

Rangordnung in der Familie

Der Welpe, der in einer menschlichen Familie lebt, kann diese Erfahrungen mit seinen Geschwistern nicht machen. Er konzentriert sich deshalb auf seinen Sozialpartner, den Menschen. Für uns, die wir nun die Rolle des „Leittieres" einnehmen, beginnt eine Zeit auf dem Prüfstand. Unser Halbstarker will nun genau wissen, woran er ist. Ist sein Rudelchef wirklich so einzigartig und klug und dabei auch noch konsequent? Er wird Sie testen und herausfordern, um Ihre Führungsqualitäten, aber auch seine Stellung innerhalb der Familie zu überprüfen. Verbote, die der Welpe bereits akzeptiert hat, wird er jetzt erneut antesten. Er wird diese überschreiten, um zu testen, ob wir es wirklich ernst meinen. Zeigen Sie ihm, dass er die geltenden Regeln nicht überschreiten darf. Hierbei sollten Sie aber Ihre geistige, nicht Ihre körperliche Überlegenheit demonstrieren – lassen Sie sich etwas einfallen. Nicht Ihre körperliche Kraft, sondern Ihre Intelligenz zählt. Das Vertrauen zu Ihnen muss weiter gefestigt werden.

WICHTIG

Lernen

Hunde eignen sich in der Welpenzeit die Fähigkeit zum Lernen an. Diese Fähigkeit bleibt ein Leben lang erhalten. Auf der Grundlage früherer Erfahrungen können sich Hunde schneller an veränderte Umweltsituationen anpassen.

Keine Zeit für Streiche

Lassen Sie dem Welpen nicht zu viel Spielraum für dumme Gedanken. Nun ist es an der Zeit, dass Sie den Kleinen durch zielgerichtete Spiele ablenken und fördern. Der Schwerpunkt sollte auf dem spielerischen Lernen liegen – erwarten und verlangen Sie jedoch noch keine exakte Leistung. Beobachten Sie Ihren Welpen, nutzen Sie sein Spielverhalten. Lenken Sie seine Anlagen spielerisch, aber zielorientiert in geeignete Bahnen. Nun ist es an der Zeit, den Grundstein für die spätere Ausbildung des Retrievers zu legen.

Erfahrungen mit der Umwelt

Ab der 13. Lebenswoche werden Sie merken, dass Ihr Welpe immer interessierter an allem wird. Die kurzen Spaziergänge im Garten oder vor dem Haus werden nicht mehr ausreichen. Er will und muss was erleben! Dehnen Sie die Spaziergänge nun langsam aus. Verlassen Sie die Umgebung des Hauses und ermöglichen Sie dem Kleinen, möglichst gezielt vielfältige Erfahrungen in den unterschiedlichsten Umweltsituationen. Man kann diese in vier Bereiche aufteilen: Geräusche, bewegte Objekte, unbewegte Objekte und Gerüche. Je mehr positive Umwelterfahrungen der Welpe in diesem Alter macht, umso leichter wird er in seinem weiteren Leben ungewohnte Situationen einordnen und verarbeiten können.

Überlegen Sie sich genau, wohin Sie mit ihm gehen. Planen Sie Ihre Ausflüge; entdecken Sie möglichst viele Facetten Ihrer Umwelt mit Ihrem Welpen gemeinsam. Schaffen Sie gezielt Konflikte! Denn Konflikte vermeiden heißt Konflikte schaffen! Die Konflikte müssen jedoch dem Entwicklungsstand des Welpen angepasst sein (es darf keine Panik aufkommen), damit er diese auch bewältigen kann. Angst ist ein natürliches Verhalten und hat nichts mit Wesensschwäche zu tun. Gerät er jedoch in Panik, dann ist er überfordert; nicht selten schafft man dadurch ein Problem. Kann er den Konflikt mit Ihrer Hilfe meistern, wird er sich mit der Bewältigung der ihm gestellten Aufgabe weiterentwickeln können.

Gestalten Sie Ihre Ausflüge abwechslungsreich. Die meisten Retriever lieben das Wasser und genießen vor allem im Sommer das kühle Nass.

Welpen sollten frühzeitig Kinder kennenlernen. Aber auch Kinder sollten den Umgang mit Hunden lernen.

Abenteuer Mensch

Gestatten und fördern Sie den Kontakt zu fremden Menschen jeden Alters. Ihr Welpe muss lernen, dass größere Menschenmengen, spielende Kinder, Menschen, die sich anders bewegen oder anders aussehen, nicht gefährlich sind. Er muss möglichst viele positive Eindrücke sammeln. Deshalb sollten Sie mit ihm gezielt auf die Frau mit dem Kinderwagen, das Liebespaar auf der Parkbank oder den Herrn mit dem Regenschirm zugehen. Lassen Sie Ihren Retriever Kontakt zu diesen sich aus Welpensicht ungewöhnlich verhaltenden Menschen aufnehmen. Zeigen Sie ihm, dass laut spielende und rennende Kinder keine Gefahr bedeuten. Lassen Sie das Kind, das Ihren Kleinen streicheln möchte, ruhig gewähren. Achten Sie nur darauf, dass es den Hund nicht ärgert oder übervorteilt. All diese Begegnungen zeigen dem Welpen, dass fremde Menschen nicht gefährlich sind, und er kann diesen in Zukunft angstfrei begegnen.

Angst vor (bestimmten) Menschen

Zeigt Ihr Welpe deutlich Angst vor (bestimmten) Menschen, müssen Sie gezielt den Kontakt üben. Suchen Sie sich Menschen, die Ihnen behilflich sind, und erklären Sie ihnen, wie sie auf den Welpen zugehen sollen. Das Problem dabei ist, dass der Mensch es in einer solchen Situation immer besonders gut machen möchte. Nähert er sich nun mit vorgebeugtem Körper und ausgestreckter Hand, spricht er mit dem Welpen und schaut ihn mit einem Lächeln auf den Lippen direkt

an, dann ist dies alles aus Sicht des Hundes völlig verkehrt. Für den Hund kommt der Mensch angsteinflößend, mit Drohgebärden auf ihn zu. Besser ist, die Menschen machen sich klein, gehen in die Hocke, schauen den Welpen dabei nicht an und wenden sich deutlich ab. Sie können auch Zeichen der Beschwichtigung zeigen, z. B. gähnen oder sich mit der Zunge über die Lippen lecken. Lassen Sie dem Welpen Zeit, er muss das Tempo der Annäherung bestimmen. Vertrauen muss erfahren und kann nicht erzwungen werden.

Anspringen ist nicht erlaubt

Auch bei positiven Begegnungen mit fremden Menschen muss die Erziehung beginnen! Jeder wird dem süßen Kleinen noch verzeihen, wenn er hochspringt und auf der hellen Hose seinen Pfotenabdruck hinterlässt. Doch bei einem erwachsenen Hund hört die Freude auf. Zudem kann ein ausgewachsener Retriever einen älteren Menschen oder ein Kind, wenn er diese unverhofft anspringt, schnell zu Fall bringen. Schon der Welpe muss deshalb lernen, dass Hochspringen nicht erlaubt ist. Jede Streicheleinheit und jedes Leckerchen, das der Welpe bekommt, bestätigt ihn in seinem momentan gezeigten Verhalten. Springt er hoch und wird daraufhin von Ihnen gestreichelt, dann loben Sie ihn für das Hochspringen. Achten Sie deshalb darauf, dass Ihr Welpe nicht gestreichelt wird oder ein Leckerchen bekommt, wenn er an Ihnen oder an anderen Menschen hochspringt. Halten Sie ihn sacht fest, damit seine vier Pfoten auf dem Boden bleiben, wenn er gestreichelt wird.

TIPP

Hochspringen
Möchten Sie in gewissen Situationen, dass Ihr Hund an Ihnen hochspringt, dann bringen Sie Ihrem Welpen bei, auf Signal hochzuspringen – aber nur dann.

2

1 Vorsichtiges Annähern an eine Gehilfe.

2 Lassen Sie Ihren Welpen möglichst viel Erfahrung mit Menschen unterschiedlichen Alters machen.

Springt Ihr Welpe hoch, um an das Leckerchen zu kommen, dann wenden Sie sich ab. Er bekommt es erst, wenn er sich brav verhält.

Springt er an Ihnen oder anderen Menschen hoch, um Aufmerksamkeit zu erregen, sollten Sie ihm gerade diese nicht geben (weder positive noch negative Aufmerksamkeit). Wenden Sie sich einfach wortlos um 180°, drehen ihm den Rücken zu und strafen ihn mit Missachtung. Sein Verhalten findet so keine Beachtung und wird auch nicht bestätigt. Er wird nun versuchen, in einer anderen Weise zu agieren, um Ihre Aufmerksamkeit zu erregen. Sobald er steht oder sitzt, wenden Sie sich ihm wieder zu. Gehen Sie dabei anfänglich in die Hocke, um erneutes Anspringen zu vermeiden, loben Sie ihn für sein „positives“ Verhalten. Er wird, wenn Sie konsequent sind, schnell herausfinden, mit welchem Verhalten er Ihre Aufmerksamkeit erregen kann und dieses dann gerne und bereitwillig zeigen.
Hat Ihr Welpe bereits gelernt, dass Hochspringen positive Beachtung findet, werden Sie mit „Ignorieren des negativen Verhaltens“ nicht weiterkommen. In diesem Fall müssen Sie das Hochspringen des Welpen/Junghundes erst einmal negativ unterbrechen. Halten Sie Ihre offene Hand nach vorne und quittieren Sie schon den Ansatz des Hochspringens mit einem strengen „Nein“. Bleibt Ihr Welpe stehen oder setzt er sich, loben Sie ihn in den höchsten Tönen.

Keine Jagd auf Jogger

Beobachten Sie auf Ihren Spaziergängen auch den Jogger, den Inlineskater, den Mofa-, den Skateboard- oder den Fahrradfahrer (bewegte Objekte), der Ihnen begegnet. Zeigen Sie Ihrem Welpen, wie er sich bei einer solchen Begegnung benehmen muss. Noch bevor das be-

wegte Objekt Sie erreicht, nehmen Sie Ihren Welpen an die Leine und stellen sich mit ihm an den Wegrand. Lassen Sie ihn dort sitzen und beobachten Sie mit ihm zusammen den vorbeifahrenden Fahrradfahrer. Geben Sie Ihrem Hund durch Ihr ruhiges und überlegenes Verhalten Sicherheit in dieser ungewohnten Situation.
Für einen Welpen kann dieses, sich auf ihn zubewegende Objekt sehr bedrohlich wirken. Sobald es jedoch vorbei ist, identifiziert er es als fliehende Beute. Oftmals versucht er dann hinterherzurennen, und genau das müssen Sie unbedingt verhindern. Deshalb haben Sie Ihren Welpen auch an der Leine. Bleibt er ruhig sitzen, loben Sie ihn ausgiebig und lassen ihn nach kurzer Zeit mit „Lauf" wieder frei. Steht er auf und möchte in Richtung des fliehenden Objektes laufen, sagen Sie ein unfreundliches „Nein" und geben ihm erneut das Signal „Sitz". Loben Sie ihn, wenn er wieder ruhig und gelassen neben Ihnen sitzt. Danach darf er dann auf Ihr Signal hin laufen.
Achten Sie darauf, dass Ihr Welpe nie Gelegenheit bekommt, hinter fliehenden Objekten herzulaufen. Zu schnell lernt er, dass Verfolgen und Hetzen Spaß macht. Gestatten Sie ihm auch nicht das Verbellen von Joggern, Fahrradfahrern usw. Gutes Benehmen beginnt im Welpenalter.

1|2 Der Welpe muss lernen, dass er sich bei Joggern oder Fahrradfahrern ruhig verhält. Er darf diese nicht hetzen oder verbellen.

3 Auch zu anderen Hunden darf er nicht einfach hinrennen. Er muss lernen, dass nicht jeder Hund begrüßt werden kann.

So ein Stadtausflug ist ganz schön aufregend. Man kann Bekanntschaft mit seltsamen Tieren machen …

… und muss ruhig warten, bis Frauchen ein paar neue Hausschuhe gefunden hat.

Abenteuer Stadt

Besuchen Sie mit Ihrem Welpen die Stadt, schlendern Sie mit ihm durch die Fußgängerzone, über den Wochenmarkt oder setzen Sie sich mit ihm ins Eiscafé und beobachten Sie von dort aus das muntere Treiben der Stadt. Kehren sie nach einem kleinen Spaziergang auch mal in den Biergarten ein. Führen Sie Ihren Welpen langsam an den Lärm der quietschenden und hupenden PKWs, LKWs und Linienbusse heran. Lassen Sie ihn sowohl bei Tag als auch in der Dunkelheit diese Erfahrungen sammeln. Zeigen Sie ihm die Straßen- oder die Eisenbahn und den Fahrstuhl.
Auch unterschiedliche Bodenbeschaffenheiten stellen für Welpen oftmals ein großes Problem dar. Deshalb sollten Sie ihn gezielt an verschiedene Untergründe wie Gitterroste, glatte Böden, glänzende Fliesen, offene oder auch Gitterrost-Treppen heranführen.

Konflikte gemeinsam meistern

Bei Ihren Abenteuern kann es immer vorkommen, dass Ihr Retriever in einen Konflikt gerät. Wie verhalten Sie sich nun richtig? Als erstes sollten Sie in neuen Situationen immer betont entspannt und selbstsicher auftreten, denn Ihre innere Haltung überträgt sich auf Ihren Hund. Bemerken Sie die Unsicherheit, dann ignorieren Sie deren Auslöser sowie auch den Welpen selbst. Demonstrieren Sie weiterhin durch Ihre selbstsichere, lockere, überlegene Haltung, dass es keinen Grund zur Panik gibt. Beobachten Sie Ihren Welpen jedoch genau. Bald wird sicher seine Neugier überwiegen, sodass er sich langsam an das gefährliche Objekt herantraut. Nun kommt Ihr Einsatz, jetzt sind Sie gefragt. Loben und unterstützen Sie jeden Schritt des Welpen,

Mit Herrchen geht es entlang einer stark befahrenen Straße, die einen tösenden Lärm macht.

den er nach vorne macht. Ihr Lob bestätigt ihn und aktiviert sein Tun. Er wird selbstsicherer und kann schließlich mit Ihrer Unterstützung das Problem alleine lösen. Das Ganze kann innerhalb von Sekunden ablaufen, manchmal jedoch auch lange Minuten dauern.
Stellt sich bei Ihrem Welpen trotz Warten keine Neugierde ein, müssen Sie ihm eine Brücke bauen. Gehen Sie zu dem Objekt und fassen es an, demonstrieren Sie dem Kleinen, dass dieses Ding ungefährlich ist. Sie können auch versuchen, es ihm mit einigen Leckerchen schmackhaft zu machen, versüßen Sie ihm den Weg dorthin. Sicher vertraut er Ihnen und fasst all seinen Mut zusammen.

WICHTIG

Angstknurren
Knurr Ihr Hund und stellt die Nackenhaare in Situationen, die ihm nicht geheuer sind, dann sollten Sie dieses Aggressionsverhalten ignorieren. Bestätigen Sie nur positives Verhalten, d. h. wenn er Mut und Vorwärtsdrang zeigt.

Und dann gibt es nicht nur Autos, sondern noch viel seltsamere Fortbewegungsmittel. Ob man damit wieder ins Grüne kommt?

Abenteuer Natur

Vorsichtige Annäherung an eine Katze.

Um den Horizont Ihres Welpen zu erweitern, sollten Sie ihm die Möglichkeit geben, viele Tierarten kennenzulernen. Besuchen Sie gemeinsam die Kuh und das Pferd auf der Weide, die Gänse und Hühner auf dem Bauernhof und auch das Damwild, Rotwild und Schwarzwild im Wildgatter. Hat Ihr Welpe bereites beim Züchter andere Tierarten wie Katzen oder Meerschweinchen kennengelernt, wird es sicher keine oder nur geringe Probleme geben. Achten Sie darauf, dass Sie ihn an ruhige Tiere heranführen, da diese weniger Furcht einflößend sind und er ihnen stressfreier begegnen kann. Sorgen Sie jedoch dafür, dass Ihr Hund keine Gelegenheit bekommt, diese Tiere zu jagen. Er soll nicht lernen, dass Jagen Spaß macht. Entsteht bei diesen Begegnungen ein Konflikt, sollten Sie den Welpen mit Ruhe und Gelassenheit heranführen. Belohnen und loben Sie jede selbstständige Annäherung.

Über Stock und Stein

Zeigen Sie Ihrem kleinen Retriever auch, wie man über einen Baumstamm balanciert oder auf einen glatten großen Felsen klettern. Fördern Sie seinen Gleichgewichtssinn und seine motorischen Fähigkeiten. Durchqueren Sie zusammen unwegsames Gelände wie einen Wald, auf dessen Boden viele Äste liegen und rascheln Sie mit den Füßen im heruntergefallen Herbstlaub. Überwinden Sie ein niedriges Brombeergestrüpp oder die weiten Farn- oder Heidekrautflächen. Gehen Sie mit Ihrem Welpen über eine kleine Brücke, durchqueren Sie einen kleinen Bach. Laufen Sie über Sand und Schotter, nutzen Sie jede Gelegenheit, ihm etwas Neues zu zeigen. Machen Sie Ihren heranwachsenden Hund mit allen Geländearten bekannt, die ihm im Alltag oder Jagdalltag begegnen könnten.

Der Welpe sollte auch die Möglichkeit haben, andere Tierarten kennenzulernen.

1

2

3

4

Gehen Sie mit Ihrem Welpen über Stock und Stein und auch einmal durch ein undurchdringliches Gestrüpp. Das fördert den Gleichgewichtssinn und die mototischen Fähigkeiten.

Konflikte gemeinsam meistern

1–3 Der Junghund zeigt deutlich, dass ihm die Gänse nicht geheuer sind.

4 Der Hundeführer beschäftigt sich mit den Gänsen, ohne sich um seinen Hund zu kümmern. Mit seinem Verhalten zeigt er ihm, dass alles in Ordnung ist. Das Interesse des Hundes erwacht, er beginnt sich vorsichtig zu nähern.

5 Nach einer Weile beobachtet er entspannt und interessiert das Federvieh.

Konfliktbewältigung

Wie reagiere ich richtig?

Sicher werden Sie bei Ihren Abenteuern auch bemerken, dass Ihr Welpe in einer für ihn neuen Situation vor einem Gegenstand oder einem Geräusch deutliche Anzeichen von Angst zeigt. Er meidet die Situation (weicht zurück, flieht), zeigt eine deutliche Körpersprache (zurückgelegte Ohren, scheuer Blick, geduckte Körperhaltung, eingeklemmte Rute) und auch sein Verhalten (er springt an uns hoch, sucht Schutz und Hilfe) macht uns auf die bedrohliche Lage aufmerksam. Der Welpe zeigt erkennbar, dass er sich in einem Konflikt befindet. Doch wie reagiert man auf solch ein Verhalten? Sie als Vertrauensperson müssen so reagieren, dass Ihr Welpe seinen Konflikt positiv lösen kann. Erkennbare Unsicherheiten müssen mit viel Geduld abgebaut werden.

SO IST ES RICHTIG

Ihre Reaktion	Was passiert
Zunächst sollten Sie das Verhalten des Welpen ignorieren. Demonstrieren Sie ihm durch Ihr eigenes Verhalten, dass alles völlig in Ordnung ist und er keine Angst zu haben braucht. Beobachten Sie Ihren Welpen jedoch genau. Zeigt er nun etwas Vertrauen, beginnt er sich zu nähern, dann müssen Sie ihn sofort loben.	Beginnt Ihr Welpe Vertrauen zu zeigen, verstärken Sie sein Selbstbewusstsein durch Ihre positive lobende Bestätigung. Mit zunehmendem Selbstbewusstsein, erwachender Neugier und Mut des Welpen erreichen Sie eine deutliche Stabilisierung und können so schnell eine Entspannung der konfliktgeladenen Situation feststellen.

SO IST ES FALSCH

Ihre Reaktion	Was passiert
Beruhigen und trösten des Welpen.	Trost wirkt genau wie Lob auf den Hund bestätigend, deshalb wird die Angst durch Ihre positive Zuwendung verstärkt.
Welpen mit Gewalt (Leinenruck) zwingen, weiterzugehen.	Der Welpe hat schon einen Konflikt. Durch den Druck wird ein weiterer Konflikt hinzugefügt. Seine Angst wird nicht abgebaut, sondern verstärkt.
Den Welpen autoritär mit einer strengen Stimme maßregeln.	Die autoritäre Stimme wirkt sich als zusätzliche Belastung negativ aus.
Den Welpen mit Spielzeug oder mit Futter ablenken.	Die Angst wird dadurch verdrängt, aber nicht abgebaut (im Einzelfall kann die Ablenkung jedoch zu einer Überführung zum Normalverhalten dienen).

Keine Langeweile auf Spaziergängen

Gestalten Sie Spaziergänge immer spannend und aufregend. Erkunden Sie gemeinsam mit Ihrem Welpen die Umwelt oder beschäftigen Sie ihn. Auf keinen Fall sollten Sie ihn sich selbst überlassen, da er sonst andere spannende Dinge sucht, die uns meist nicht gefallen. Dazu gehören Vögel zu jagen oder Eichhörnchen (jagen ist auch ohne Erfolg selbstbestätigend). Hat Ihr Hund erst einmal jagen gelernt, ist auch ein Reh eine geeignete Beute – deshalb wehret den Anfängen. Gelangweilte Hunde bemerken auch schnell jeden anderen Hund am Horizont und schon ist der Kleine weg, um mit dem Artgenossen zu spielen. Beschäftigen Sie Ihren Welpen deshalb gezielt – Spielen, Verstecken, Abrufen und vieles mehr. Ihr Welpe wird schnell lernen, dass Sie der Mittelpunkt in seinem Leben sind und es bei Ihnen immer spannend ist. So fördern Sie die Hund-Mensch-Bindung. Je nach Hundetyp müssen Sie jedoch die Erziehungsschwerpunkte unterschiedlich wählen.

Kontakt positiv bestätigen

WICHTIG

Belohnung/ Bestechung
Bestätigen Sie den Welpen mit Leckerchen oder einem spannenden Spiel, **weil** er gekommen ist und nicht **damit** er kommt – bitte achten Sie auf Ihr Timing.

Schaut sich Ihr Welpe auf dem Spaziergang zu Ihnen um oder kommt selbstständig angelaufen, sollten Sie ihn sofort verbal belohnen. Verstärken Sie jede selbstständige Kontaktaufnahme. Zu Beginn sollten Sie bereits das Umschauen sofort verbal loben. Klappt das gut, dann loben Sie ihn, wenn er auf dem Weg zu Ihnen ist. Klappt auch das, dann loben Sie Ihren Welpen, sobald er bei Ihnen ist. Er soll begreifen, dass Sie sich riesig freuen und ihn loben, wenn er zu Ihnen kommt. Bestärken Sie das Lob noch mit einem Leckerchen oder einem tollen Spiel. Bei dieser Übung ist es egal, ob Ihr Welpe aus eigenem Antrieb gekommen ist oder von Ihnen gerufen wurde.

HUNDETYPEN (grob vereinfacht)*

Der selbstsichere, eigenständige Hund	Der unsichere, abhängige Hund
Alleinsein zu Hause ist meistens kein Problem. Dieser Hundetyp wird sich zu Hause auch nachts bald einen eigenen Schlafplatz suchen und nicht unbedingt in Ihrer Nähe schlafen.	Dieser Hundetyp bleibt meist nicht gerne alleine zu Hause, er sucht bei seinem Menschen Schutz und Unterstützung. Nachts wird er in unserer Nähe schlafen wollen.
Auf den Spaziergängen ist dieser Hundetyp selbstständiger und wird sich eher von uns entfernen, er braucht seinen Menschen nicht unbedingt. Gehorsamsübungen sollten regelmäßig in den normalen Tagesablauf integriert werden.	Auf den Spaziergängen wird dieser Hundetyp sich nicht weit entfernen und eher die Nähe seines Menschen suchen, oftmals ist er wie ein Schatten mit hoher Bereitschaft zum Gehorsam.
Bei diesem Hundetyp muss man an der Bindung arbeiten. Auf dem Spaziergang muss er wesentlich mehr beschäftigt werden und die Arbeit an einer guten Mensch-Hund-Bindung ist wichtig.	Dieser Hundetyp braucht oftmals in Konfliktsituationen unsere Hilfe. Er braucht einen selbstsicheren Hundehalter, an dem er sich orientieren kann.
Damit eine Partnerschaft aufgebaut und gefestigt werden kann, braucht dieser Hund eine liebevolle Erziehung, mit absoluter Konsequenz und deutlichen autoritären Signalen.	Dieser Hundetyp hat eine angeborene Bereitschaft zur Teambildung, die mit liebevoller Erziehung und freundschaftlicher Konsequenz erhalten und gefördert werden muss. Autoritäre Signale sind eher selten notwendig.

* Betrachtet werden nur die Extreme, die meisten Hunde liegen zwischen diesen Extremen.

Freuen Sie sich riesig, wenn Ihr kleiner Kerl so schnell angerannt kommt.

Versteckspiele

Ist die Bindung Mensch-Welpe schon gut ausgebildet, können Sie mithilfe des Versteckspiels diese Bindung noch verstärken. Immer, wenn Ihr Welpe auf dem Spaziergang unaufmerksam ist und sich mit einer anderen Sache beschäftigt, versuchen Sie sich zu verstecken. Vorsicht: Ist Ihr Hund mit etwas beschäftigt, das sein Interesse stärker fesselt als der Drang Sie zu suchen, dann ist das Spiel ungeeignet. Wählen Sie das Versteck so, dass Sie Ihren Hund beobachten können, er Sie aber nicht sieht. Bemerkt er, dass Sie nicht mehr da sind, wird er Sie suchen. Beobachten Sie ihn aus dem Versteck heraus. Sobald der Kleine in Stress gerät und hektisch herumrennt, sollten Sie ihm anfänglich noch etwas helfen. Bleiben Sie im Versteck und rufen Sie seinen Namen in die von ihm abgewandte Richtung. So bekommt er eine Idee, wo Sie sind und wird in dieser Richtung suchen. Reicht diese Hilfe nicht aus, dann müssen Sie aus Ihrem Versteck heraustreten und ihn noch einmal rufen. Sobald er Sie aktiv sucht, können Sie diese Hilfe einstellen. Hat er Sie gefunden, darf eine besonders große Belohnung nicht fehlen.
Durch dieses Spiel lernt der kleine Retriever auf dem Spaziergang auf uns zu achten: Bald wird er Sie nicht mehr aus den Augen lassen und immer wieder Kontakt zu Ihnen aufnehmen.

Mein Weg ist auch dein Weg

Gutes Benehmen auf Spaziergängen kann der Welpe bereits in diesem Alter schon erlernen. Achten Sie darauf, dass er sich an Ihnen orientiert. Gehen Sie einen Weg entlang, dann sollte Ihr Welpe auch auf diesem Weg laufen. Er darf nur die Wegränder rechts und links bis zu einem Meter benutzen. Laufen Sie über ein Feld, eine Wiese oder quer durch den Wald, darf er Ihnen natürlich folgen, aber nur dann darf er sich auch abseits des Spazierweges bewegen.

Ist Ihr Welpe auf dem Spaziergang unaufmerksam und achtet nicht auf Sie, dann nutzen Sie diese Gelegenheit. Verstecken Sie sich schnell hinter einem Gebüsch. Freuen Sie sich riesig, wenn er Sie gefunden hat.

Sobald Ihr Welpe unerlaubt die Wiese oder den Wald betritt, rufen Sie erst unfreundlich „Raus da“ oder „Auf den Weg“ und holen ihn dann mit dem „Komm-Pfiff“ oder dem freundlichen Signal „Hier“ zu sich zurück. Bald wird er lernen, dass er auf dem Weg bleiben muss. Möchten Sie mit ihm auf einer Wiese spielen, müssen Sie diese erst selbst betreten und dadurch dem Welpen das Betreten erlauben. Sind Sie konsequent, wird der Welpe bald verstanden haben, was Sie von ihm erwarten.

Hat Ihr Hund dies verstanden, können Sie ihn auch im Freilauf kontrollieren und vermeiden, dass er über ein frisch eingesätes Feld, durch eine hohe ungemähte Futterwiese oder durch eine Dickung im Wald läuft. Die Landwirte und Jäger werden es Ihnen danken. Anfänglich ist es etwas aufwendig, dem Hund dies beizubringen. Aber es lohnt sich im Hinblick auf die vielen Jahre, die Sie dann stressfrei zusammen mit Ihrem Hund spazieren gehen können.

Die Erziehung geht weiter

„Hier" für Fortgeschrittene

Der Welpe ist jetzt in einem Alter, in dem er seine Umwelt weitläufig zu erkunden beginnt. Zudem möchte er nun auch herausfinden, wie konsequent Sie wirklich sind. Deshalb kann es von heute auf morgen passieren, dass er Ihr freundliches Rufen, auf welches er in der Vergangenheit immer sofort reagiert hat, ignoriert oder sich bewusst abwendet, um einer besonders reizvollen Witterung nachzugehen. Nun sind Sie an einem sehr wichtigen und sensiblen Punkt angekommen. Reagieren Sie auf dieses Verhalten nicht angemessen, vermitteln Sie Ihrem Welpen, dass Ihre Signale keine Bedeutung haben, dass man auf diese gar nicht hören muss.

Reaktion auf das Ignorieren von Signalen

Glauben Sie nicht, dass diese kleinen Ungehorsamkeiten sich im Laufe der Zeit von alleine erledigen. Zeigen Sie Ihrem Welpen, dass er sich nicht richtig verhält. Die Intensität Ihrer negativen Einwirkung ist abhängig vom Hundetyp. Bei einigen Hunden reicht ein unfreundliches „Ehjjjjjj" oder „Nein" schon aus, bei anderen müssen Sie mehr Einsatz zeigen. Unter Umständen müssen Sie mit bedrohlicher Körperhaltung auf Ihren Hund zugehen und ihn in seinem Tun stören. Sowie er zu Ihnen aufblickt, um mit Ihnen Kontakt aufzunehmen oder sich etwas verunsichert zeigt, müssen Sie sofort von negativ auf positiv umschwenken. Zeigen Sie ihm, dass seine Kontaktaufnahme richtig ist. Locken Sie ihn, indem Sie ihn erneut rufen und dabei weglaufen. Sowie er sich deutlich in Ihre Richtung bewegt, loben Sie ihn freund-

Freudig und schnell kommt dieser Labradorwelpe auf das Signal „Hier" zu seinem Menschen.

lich mit der Stimme, bleiben stehen, hocken sich hin und breiten einladend die Arme aus. Kommentieren Sie sein Verhalten sekundengenau, wird er auch schnell verstehen, was richtig und was falsch ist. Wichtig ist, dass Sie blitzschnell von positiv auf negativ bzw. von negativ auf positiv umschwenken.
Aber Vorsicht: Überlegen Sie sich, bevor Sie Ihren Hund rufen, ob die Aktion überhaupt Aussicht auf Erfolg hat oder die Ablenkung vielleicht auch zu groß ist. Vermeiden Sie das Rufen, wenn die Chance auf Erfolg sehr gering ist. Steigern Sie nur langsam die Anforderungen. Zu häufiger Misserfolg stellt den Lernerfolg in Frage. Mit jedem Misserfolg lernt der Hund gerade das Gegenteil. Haben Sie keine Chance auf Erfolg, dann sollten Sie besser ruhigen Schrittes zu ihm hingehen und ihn dort abholen, ohne ihm ein Signal für das Kommen zu geben.

Kommen unter Ablenkung

Kommt Ihr Welpe auf „Hier“ schnell und zügig zu Ihnen, können Sie gezielt Ablenkungen einbauen. Nun wird sich zeigen, ob er das Signal auch verstanden hat. Steigern Sie die Ablenkungen jedoch nur langsam. Überlegen Sie sich, welche Ablenkungen welche Reizintensität haben (z. B. eine auf dem Spazierweg liegende Zigarettenschachtel = gering, interessante Witterung = mittel, Artgenossen = groß). Beginnen Sie mit einer geringen Reizintensität. Rufen Sie ihn z. B. durch einige still stehende Menschen oder zwischen aufgestellten Stühlen oder Spielsachen hindurch. Sie können es auch so einrichten, dass der Welpe nicht auf direktem Weg zu Ihnen kommen kann. Stellen Sie sich hinter einen Zaun, er muss nun erst den Weg zu Ihnen finden (Übung aber bitte nicht zu schwer gestalten). Mit etwas Fantasie wird Ihnen sicher eine Menge einfallen. Machen Sie ein spannendes Spiel daraus. Bald können Sie Ihren Welpen auch an anderen angeleint sitzenden Hunden vorbei zu sich rufen.

WICHTIG

Mehr Einsatz bitte!
Kommt Ihr Welpe immer lustloser und langsamer zu Ihnen zurück, sollten Sie Ihr Lob überdenken. Lohnt sich das Herankommen für Ihren Welpen überhaupt? Ist das Lob etwa schon lästige Routine? Überlegen Sie sich, wie Sie Ihren Hund besser motivieren können. Vielleicht ist das Leckerchen uninteressant! Manche Hunde kann man, anstatt mit Leckerchen, besser mit einem Spiel oder mit einer Streicheleinheit motivieren. Gehen Sie aus sich heraus, machen Sie den Hampelmann. Er wird die Spielaufforderung sicher gerne annehmen und schnell zu Ihnen zurückkommen. Sie müssen der Macher, der Nabel der Welt Ihres Hundes sein! Wer kommt schon gerne zu einem Langweiler, wenn die ganze Welt voller Abenteuer steckt?

„Sitz“ für Fortgeschrittene

Sitz auf Pfiff

In den ersten Wochen hat Ihr Welpe bereits gelernt, was das Signal „Sitz“ und das Handzeichen bedeutet (siehe S. 74). Er führt dieses Signal bereits ziemlich zuverlässig aus. Nun sollten Sie den Sitz-Pfiff einführen. Der Sitz-Pfiff ist ein einzelner lang gezogener Pfiff (Tüüüt). Um ihn einzuführen, geben Sie zuerst das Pfeifsignal zusammen mit dem Handzeichen, dann sagen Sie direkt im Anschluss „Sitz“. Ihr kleiner Retriever wird sicher den Ton, das Handzeichen und das Signal schnell verbinden und sich bald schon setzen, sobald der Pfiff ertönt. Setzen Sie die Pfeife nun jedes Mal ein, wenn Sie Ihren Hund sitzen lassen. Der Sitz-Pfiff muss tief im Gedächtnis des Hundes verankert werden, denn später brauchen Sie ihn auch, um Ihren Retriever in Entfernung zu stoppen. Je öfter der Welpe den Sitz-Pfiff hört und umso zuverlässiger er darauf reagiert, desto einfacher wird es später sein, ihm „Sitz auf Entfernung“ beizubringen.

Sitz mit Ablenkungen

Steigern Sie nun auch die Ablenkung. Der Welpe muss lernen, unter allen Umständen so lange sitzen zu bleiben, bis Sie ihm mit dem Auflösungssignal das Aufstehen erlauben. Lassen Sie ihn sitzen, wenn ein Fahrradfahrer oder ein Auto an Ihnen vorbeifährt, wenn ein anderer Hund an der Leine an Ihnen vorbeigeführt wird usw. Steigern Sie langsam die Intensität der Ablenkung. Steht er auf, dann bringen Sie ihn an seinen ursprünglichen Platz zurück und lassen ihn dort noch einmal sitzen. Ihr Welpe muss bis zum Signal „Lauf“ sitzen bleiben, er darf sich nicht aus der Situation herausmogeln, indem er alleine das Ende der Aufgabe bestimmt. Achten Sie darauf, dass Sie ihm dieses Auflösungssignal geben. Beobachten Sie sich selbst, lernen Sie unter allen Umständen konsequent zu sein.

Sitz unter allen Umständen

Bestehen Sie darauf, dass sich Ihr Hund in allen Situationen und auf allen Untergründen (die zumutbar sind!) setzt, wenn Sie es ihm sagen. Ziert sich Ihre „kleine Prinzessin“, da sie in der flachen Pfütze oder im nassen Gras einen feuchten Po bekommt, müssen Sie mit konsequenter Freundlichkeit darauf bestehen. Hat sie Ihr erstes Signal ignoriert, müssen Sie bereits mit dem zweiten korrigierend eingreifen. Welpen können schon jetzt mit liebevoller Konsequenz lernen, dass unter allen Umständen Signale ausgeführt werden müssen.
Schauen Sie sich um, es gibt genügend verschiedene Untergründe wie den Kellerrost, den stacheligen Fußabstreifer, Kies und Sand, das nasse Gras, die Stoppeln des Kornfeldes. Wenn Sie auf dem Spaziergang die Augen offen halten und kreativ agieren, finden Sie sicher jede Menge unterschiedliche Untergründe.

WICHTIG

Brennnesseln
Die weichen Ballen der Welpenpfoten sind noch sehr empfindlich. Der erste Kontakt mit Brennnesseln löst häufig einen starken Juckreiz aus. Nach einem Spaziergang, meist schon im Auto, beginnt der Welpe seine Pfoten zu schlecken und zu bearbeiten. Hier helfen Calcium-Trinkampullen, die Sie in der Apotheke bekommen. Lassen Sie Ihren Welpen die Flüssigkeit aufschlecken.

Sitz vor der Futterschüssel

Eine weitere sehr gute Übung ist, den Welpen vor der Futterschüssel sitzen und warten zu lassen. Zum einen setzen Sie als Rudelführer Tabus, zum anderen lernt der Welpe auch bei großer Ablenkung geduldig zu warten, bis er an der Reihe ist. Er lernt, sich zu beherrschen und zu kontrollieren. Diese Übung ist für verfressene Welpen schwieriger als für Welpen, die nicht so viel vom Fressen halten. Frisst Ihr Welpe schlecht, sollten Sie diese Übung nur vorsichtig dosiert anwenden und die Sache nicht übertreiben.

Halten Sie die Futterschüssel in der Hand und rufen Sie den Welpen zur Fütterung. Loben Sie ihn, sobald er bei Ihnen ist. Lassen Sie ihn nun sitzen. Unterstützen Sie mit einer Hand seine Sitzposition, indem Sie ihn an der Brust etwas festhalten. Stellen Sie dann mit der anderen Hand die Futterschüssel vor ihn hin. Ihr Welpe wird gegen Ihre Hand drücken, da er schnell an das Futter möchte. Drücken Sie ihn sanft zurück, sagen Sie nochmals „Sitz“ und warten Sie, bis der Druck gegen Ihre Hand nachlässt. Dann geben Sie ihm das Signal „Lauf“ oder führen ein Signal für das Fressen ein wie „Friss“, „Essen“, oder höflich „Guten Appetit“. Gebrauchen Sie immer das gleiche Signal in diesem Zusammenhang, wird Ihr Welpe bald nur noch auf dieses hin fressen.

Bleibt er nun auch ohne Unterstützung sitzen, dann hat er verstanden. Dehnen Sie nun die Zeitspanne aus, bis er fressen darf.

1

2

3

1 **Lassen Sie Ihren Welpen sitzen. Entfernen Sie sich ein kleines Stück mit der Futterschüssel und stellen Sie diese ins Gras.**

2 **Ihr Welpe soll ruhig einen Augenblick warten und Ihnen dabei seine Aufmerksamkeit schenken.**

3 **Auf das Signal „Friss“ darf er zur Futterschüssel laufen und bekommt dort seine Belohnung.**

Voranschicken auf den Futternapf

Stellen Sie nun den Futternapf etwas weiter weg, sodass der Welpe erst eine kurze Strecke laufen muss, bevor er den Futternapf erreicht. Um den Hund zu schicken, stellen Sie sich neben ihn und zeigen mit Ihrer Hand in Richtung des Futternapfes. Ihr Welpe soll sich auf die gezeigte Richtung konzentrieren. Springt er ein, dann halten Sie ihn sanft, aber bestimmt an der Brust fest. Er darf erst loslaufen, wenn Sie ihn mit dem Signal „Voran“ schicken. So legen Sie ganz spielerisch den ersten Grundstein für das Voranschicken (siehe S. 156). Weiten Sie nach und nach die Entfernung aus. Achten Sie jedoch darauf, dass Ihr Hund nicht abgelenkt ist.

Schicken Sie Ihren Welpen mit der nach vorne weisenden Hand und dem Signal „Voran“ auf den Futternapf.

Erziehungsübungen vor der Fütterung

Klappen die zuvor beschriebenen Übungen gut, dann können Sie, bevor der Welpe die Futterfreigabe bekommt, auch einige Grundgehorsamsübungen einfügen. Rufen Sie den Welpen z. B. zuerst in eine andere Richtung zu sich heran, bevor Sie ihn dann zur Futterschüssel schicken (sichern Sie die Futterschüssel durch einen Helfer, der diese wegnimmt, wenn der Welpe nicht zu Ihnen, sondern gleich zur Schüssel läuft). Verändern Sie nach und nach den Winkel und die Entfernung. Anfänglich reicht ein Meter.

Alles ist möglich, lassen Sie Ihrer Fantasie freien Lauf. Üben Sie zur Fütterungszeit die Trainingselemente, die der Welpe im Alltag schon gut beherrscht. Er wird sicher in Erwartung auf die baldige Futterfreigabe, die von ihm erwartete Aufgabe gut und schnell erledigen. Denn er lernt schnell, dass unsauberes Arbeiten nur dazu führt, dass die Futterfreigabe länger dauert.

Sich Hinlegen – „Platz“

Zunächst sollten Sie jedes freiwillige Hinlegen des Welpen mit dem verbalen Signal „Platz“ und einem freundlichen Lob bestätigen. So verbindet er schnell das Signal und das Lob mit dem Hinlegen.
Zudem können Sie ihn ganz spielerisch mit einem Leckerchen in die Platzposition bringen. Setzen oder knien Sie sich auf den Boden, winkeln Sie dabei ein Bein so an, dass ein Tunnel entsteht. Ziehen Sie dann vor der Nase des Welpen das Leckerchen in Bodennähe durch den Bein-Tunnel durch. Der Welpe wird dem Leckerchen nachkriechen, sich unter dem Bein ducken und sich so ganz automatisch in die Platzposition begeben. Liegt er nun im Platz, sagen sie das Signal „Platz“ und loben ihn mit dem Leckerchen. Legen Sie das Leckerchen zur Belohnung für das ausgeführte Platz zwischen seine Pfoten, um seine Konzentration zusätzlich auf den Boden zu lenken und ein längeres Liegenbleiben zu begünstigen. Platzieren Sie das Leckerchen genau zwischen den Pfoten – ein Leckerchen, das zu weit vorne liegt, verführt den Welpen zum Vorkriechen. Vermeiden Sie, dem Welpen das Leckerchen aus der Hand zu geben, denn so fixiert er diese zu sehr und ein frühzeitiges Aufstehen wird durch Ihre sich nach oben bewegende Hand provoziert.
Diese Platz-Übung können Sie auf Spaziergängen sehr leicht variieren. Lassen Sie Ihren Welpen unter einer Parkbank hindurchkriechen oder unter einem etwas höher liegenden Ast, gestalten Sie die Übung wie ein abwechslungsreiches lustiges Spiel.
Klappt die Übung, können Sie Ihren Welpen auch zum Hinlegen motivieren, indem Sie vor dem sitzenden Hund ein Leckerchen von seiner Nase nach unten zum Boden und dann über den Boden nach vorne ziehen. Ihr Welpe wird dem Leckerchen folgen und sich in die Platzposition begeben. Sobald er sich erkennbar in die richtige Position begibt, sagen Sie „Platz“ und sobald er liegt, erfolgt das Lob.

1 Ziehen Sie ein Leckerchen vor dem Welpen bis zum Boden hinunter.

2 Ziehen Sie das Leckerchen etwas am Boden entlang, bis Ihr Welpe im Platz liegt.

3 Hier bekommt er seine Bleohnung.

Ruckzuck ins Platz

Hat Ihr Retriever das Signal verstanden, können Sie ein weiteres Spiel mit ihm spielen. Lassen Sie ihn vor sich sitzen. Zeigen Sie ihm kurz das Leckerchen, das Sie in Ihrer Faust versteckt halten. Springen Sie dann ich die Hocke und ziehen dabei vor dem Welpen (in Höhe der Schnauze) Ihre Faust rasend schnell bis zum Boden und sagen dabei „Platz". Ihr Welpe wird sicher mit Begeisterung auf Ihr Spiel eingehen und sich hoch motiviert in die Platzposition werfen. Sobald er auf dem Boden liegt, können Sie Ihre auf dem Boden liegende Faust öffnen, damit er sich die Belohnung herausholen kann. Ganz nebenbei führen Sie auch das Handzeichen für „Platz", die sich in Richtung zum Boden bewegende Hand, ein.
Wie bei allen Signalen, muss der Hund lernen, „Platz" so lange auszuführen, bis ein anderes Signal gegeben wird. Steht er vorher auf, müssen Sie ihn erneut in dieselbe Position legen. Langsam sollte dann auch die Zeit des Liegenbleibens gesteigert werden. Achten Sie auch hier darauf, dass der Welpe erst aufsteht und seinen Platz verlässt, wenn Sie das Auflösungssignal „Lauf" gegeben haben.

Leinenführigkeit – „Fuß"

Nach den ersten Schrittchen an der Leine kann es nun losgehen. Lassen Sie Ihren Welpen sitzen, stellen Sie sich in korrekter Stellung neben ihn – die Schulter des Welpen an Ihrem linken Knie. Leinen Sie ihn an – die Leine muss locker durchhängen; stehen Sie entspannt, nehmen Sie Kontakt zu Ihrem Welpen auf, sagen Sie „Fuß" und gehen mit dem linken Fuß zuerst los. So bekommt Ihr Hund unmittelbar mit, dass Sie losgehen.
Ziehen Sie die Aufmerksamkeit des Welpen mit einem Leckerchen oder einem Spielzeug auf sich. Zieht er, dann bleiben Sie sofort stehen und blicken in die entgegengesetzte Richtung (180°). Schaut sich Ihr Welpe nach Ihnen um, loben Sie ihn für seine Kontaktaufnahme und gehen dann, eventuell mit leicht gebückter Körperhaltung (um den Welpen etwas zu locken), in die entgegengesetzten Richtung weiter. Er wird Ihnen sicher folgen. Sobald er in korrekter Höhe neben Ihrem Bein ist, loben Sie ihn (eventuell auch mit der Gabe eines Leckerchens) und geben das Signal „Fuß". Zieht er wieder, bleiben Sie erneut stehen und das Spiel beginnt von vorne. Geht er jedoch locker neben Ihnen her, dann können Sie die ursprüngliche Richtung wieder einschlagen.
Ihr Hund lernt so, dass es länger dauert ans Ziel zu kommen, wenn er zieht und, dass er sich auf Sie konzentrieren muss. Ziel dieser Übung ist, dass er lernt, in Höhe Ihres Beines an locker durchhängender Leine zu laufen. Es muss noch kein absolut korrektes Fuß sein, die Leistung sollte jedoch mit zunehmender Übung immer mehr in diese Richtung tendieren.

WICHTIG

Nur keine Hektik
Anfänglich kommen Sie beim Fußlaufen kaum vorwärts. Aber es darf keinerlei Ausnahmen geben, Ihr Welpe darf nicht ziehen, nur dann kann er richtig verknüpfen. Üben Sie deshalb nur, wenn Sie es nicht eilig haben und die nötige Zeit und Ruhe aufbringen können, konsequent zu sein. Gehen Sie, wenn Sie zu einem bestimmten Zeitpunkt irgendwo sein müssen, früher los, oder lassen Sie den Welpen besser zu Hause oder im Auto.

Ziehen Sie die Aufmerksamkeit des Welpen mit einem Leckerchen auf sich und achten Sie darauf, dass er immer an durchhängender Leine neben Ihnen herläuft.

Hundebegegnungen

Begegnen Sie einem anderen Hund, wird Ihr Welpe sicher dorthin ziehen, da er spielen will. Machen Sie ihn dann nicht einfach von der Leine los, damit er spielen kann, sondern seien Sie konsequent. Lassen Sie ihn erst sitzen und leinen ihn dann ab. Er muss warten, bis Sie ihm das Signal „Lauf" geben – erst dann darf er zu seinem Artgenossen laufen. Zudem sollten Sie bei Begegnungen mit anderen Hunden den Welpen nicht jedes Mal laufen und spielen lassen, er muss auch lernen, dass nicht mit jedem Hund und zu jeder Zeit gespielt wird.
Er darf unter keinen Umständen verknüpfen: Artgenosse in Sicht – Leine wird entfernt. Hat Ihr Welpe bereits diese Erwartungshaltung, dann sollten Sie ihn auf keinen Fall loslassen.
Lassen Sie Ihren Welpen niemals an der Leine spielen. Die Verletzungsgefahr ist zu groß. Außerdem kann er nur im freien Spiel das richtige Sozialverhalten gegenüber seinen Artgenossen lernen. Mit seinem Chef an der Leine hat er Verstärkung im Rücken und kann sich schon einiges mehr herausnehmen, unter Umständen auch gegenüber älteren Hunden. Möchten Sie Ihren Welpen spielen lassen, dann nehmen Sie ihm unbedingt das Halsband ab, um das Verletzungsrisiko zu minimieren.

Apportieren – die Leidenschaft der Retriever

Besonders erfahrene Hundehalter, die einen Welpen aus vielversprechenden Arbeitslinien ihr Eigen nennen, werden danach lechzen, endlich mit der Ausbildung ihres Nachwuchses loszulegen. Doch all jene, die selbst süchtig nach Dummyarbeit sind und möglichst schnell mit ihrem Nachwuchshund erfolgreich auf Working Tests starten möchten, werden mit der nun von ihnen erwarteten „Untätigkeit“ ernsthafte Entzugsprobleme haben. Doch was nutzt ein Hund, der in Schallgeschwindigkeit zum Dummy rast, aber nicht in der Lage ist, dem Druck des „Nichts-Tun-Dürfens“ standzuhalten; ein Hund der nicht in der Lage ist, steady und ruhig auf seinen Einsatz zu warten. Gerade deshalb möchte ich Ihnen nun ins Gewissen reden und hier die Problematik eines unruhigen Hundes aufzeigen.

GRÜNDE FÜR WINSELN UND UNRUHE

Vererbung

Es gibt keine Garantie dafür, dass aus den Nachkommen eines Champions ebenfalls Champions werden. Doch kann man von den individuellen Eigenschaften der Eltern auf die Welpen schließen. Neigen die Eltern zum Winseln und zur Unruhe, dann werden auch die Welpen mit einer hohen Wahrscheinlichkeit zu diesem Problem neigen.

Erfahrung

Welpen lernen durch das Beobachten älterer und anderer Hunde. Doch nicht alles, was sie sich abschauen, ist auch erwünscht. Gerade Winseln ist eine Angewohnheit, die ein junger Retriever schnell erlernt. Winselt ein ranghöherer Hund, dann wird sich der Welpe schnell diesem Verhalten anschließen. Achten Sie deshalb darauf, welche Angewohnheiten die Hunde haben, mit denen Sie trainieren. Vermeiden Sie es, mit Hunden zu trainieren, die laut und unruhig sind.

Training

Falsches Training im Welpen- und Junghundealter ist bei Weitem die häufigste Ursache für das anhaltende Winseln älterer Hunde. In vielen Ausbildungsgruppen ist es allgemeine Praxis, die Welpenausbildung mit Markings (Dummies, die für den Welpen sichtig geworfen werden und die er direkt apportieren darf) zu beginnen. Und gerade hier liegt bei den meisten Hunden die Ursache vieler Probleme. Möchte man einen ruhigen und gehorsamen Retriever, muss dieser als erstes lernen, sich zu gedulden. Das Apportieren liegt Retrievern im Blut. Wenn Sie wissen, dass Ihr Nachwuchs apportiert, sollten Sie vorerst auf die Apportierausbildung kein so großes Gewicht legen. Bringen Sie ihm zuerst einmal Selbstdisziplin bei.

Ein Leinensäckchen, genannt Dummy

In den vergangenen Wochen hat Ihr Welpe gelernt, dass Sie mit ihm spielen, sobald er Ihnen etwas bringt. Auf dieses Verhalten können Sie nun leicht aufbauen. Führen Sie nun das Dummy ein, lassen Sie sich aber keine grauen Haare wachsen, wenn Ihr Welpe kein Interesse hat – „Was“, denkt er sich, „soll denn so ein blödes grünes Säckchen!“ Es ist ganz natürlich, dass ein Dummy für einige Welpen erst einmal uninteressant ist. Nimmt er das Dummy nicht auf, dann bleiben Sie einfach noch eine Weile bei Ihrem Spielzeug, damit geht es ebenso.

VORSICHT

Weniger ist mehr!
Haben Sie einen temperamentvollen Welpen aus der Arbeitslinie, dann müssen Sie seine Erwartungshaltung unbedingt niedrig halten. Eine Apportierübung pro Woche ist in diesem Alter mehr als genug.

Interesse gezielt wecken

Um das Dummy interessant zu machen, müssen Sie diesem einen hohen Stellenwert geben. Merkt Ihr Welpe, dass das grüne Ding eine große Bedeutung für Sie hat, wird er es über kurz oder lang ebenfalls interessant finden. Beschäftigen Sie sich einfach während des Tages

Nehmen Sie dem Welpen unter keinen Umständen das Dummy sofort aus dem Fang. Streicheln Sie ihn und lassen Sie ihn seine Beute genießen. Erst dann nehmen Sie ihm das Dummy aus.

einige Male mit dem Dummy. Sprechen Sie mit ihm, streicheln Sie es, behandeln Sie es, als ob es das Wichtigste in Ihrem Leben ist. Ihr Retriever sollte dies zwar mitbekommen, aber niemals die Möglichkeit haben, an das Dummy zu gelangen. Bald werden Sie merken, dass sich der Kleine für das, was Sie da tun interessiert. Er wird das grüne Ding, das für seinen Menschen so interessant ist und für ihn unerreichbar, ebenfalls sehr interessant finden. Sicher wird er es, wenn Sie es ihm nun zum Apportieren anbieten, auch aufnehmen.

1

2

5

6

11

10

Erster Apport

1|2 Machen Sie das Apportel interessant, bevor Sie es werfen.

3–6 Möchte Ihr Welpe sofort hinterherlaufen, dann halten Sie ihn für einen kleinen Moment zurück. Erst wenn er für eine Sekunde sitzt darf er auf das Signal „Apport“ lossausen.

7–10 Der Welpe springt mit einem „Mäuselsprung“ auf das Apportel, nimmt es auf und bringt es zurück.

11 Schnell verkriecht sich der Kleine unter den Beinen seines Menschen. Knien Sie sich besser hin, dann können Sie dies vermeiden. Locken Sie Ihren Welpen, in dem Sie sich auf die Brust klopfen, an sich hoch.

Erster Apport mit Dummy

Gehen Sie in die Hocke und halten Ihren Welpen an Ihrer linken Seite fest, er darf nicht einspringen. Sie oder ein Helfer bewegen das Dummy oder das Spielzeug vor dem Welpen hin und her, um es interessant zu machen. Dann werfen Sie es einige Meter weg. Sicher werden Sie die Körperspannung bemerken, denn Ihr Welpe möchte natürlich sofort hinter der Beute herlaufen. Halten Sie ihn für eine Sekunde zurück, er soll sich noch etwas gedulden. Lassen Sie ihn dann mit dem Signal „Apport“ laufen. Hat er das Dummy aufgenommen, loben Sie ihn, bleiben in der Hocke und locken ihn zu sich heran. Loben und streicheln Sie ihn, während er das Dummy festhält. Nehmen Sie es ihm unter keinen Umständen sofort ab. Lassen Sie ihn aber auch nicht mit dem Dummy weglaufen. Spuckt er es aus, dann versuchen Sie, es ihm wieder zu geben. Nimmt er es wieder in den Fang, loben Sie ihn, nehmen Sie ihm dann das Dummy ab. Nimmt er es nicht, stecken Sie es wortlos ein.

TIPP

Beute zurückbringen
Welpen, die ihre Beute in Sicherheit bringen, sollten in einer abgesicherten Situation apportieren. In einem Gang, einem Zauntunnel oder einfach durch einen Welpentunnel hindurch. Der Welpe soll lernen, dass es Spaß macht, wenn er seine Beute zu seinem Menschen bringt.

Schwierigkeiten beim Zurückkommen

Einige Welpen neigen dazu, sich mit dem Dummy unter ihrem Menschen zu verkriechen. Dies ist problematisch, denn das eigene Agieren wird damit eingeschränkt. Besitzen Sie solch einen Welpen, dann knien Sie sich auf den Boden, neigen Ihren Oberkörper nach hinten und motivieren Sie ihn, an Ihnen hoch auf Ihre Brust zu steigen. So lernt er von Anfang an, Ihnen das Dummy zu präsentieren. Zudem nehmen Sie so keine dominante Körperhaltung ein.

Neigt Ihr Welpe dazu, nicht zu Ihnen zu kommen, sondern das Dummy einige Meter vor Ihnen abzulegen, dann rennen Sie, kurz bevor er stoppt, einfach in die entgegengesetzte Richtung. Wählen Sie den Trainingsort so, dass Sie schnell außer Sicht des Welpen kommen. Bleiben Sie dann direkt hinter der Ecke stehen, Er wird sicher schnell folgen. Sowie er um die Ecke biegt, ist er bei Ihnen, und Sie haben die Möglichkeit, ihn für das Bringen zu loben.

Der Labradorwelpe apportiert freudig ein Dummy. Durch Streicheln wird er für sein Zurückkommen bestätigt, seine Beute darf er vorerst behalten.

Anforderungen steigern

Sobald Ihr Retriever das Dummy zuverlässig zurückbringt, können Sie die Anforderungen erhöhen. Werfen Sie das Dummy in einen wenige Meter entfernten höheren Bewuchs oder noch besser, Ihr Helfer soll das Dummy für den Welpen sichtbar aus etwa einem Meter Höhe in den Bewuchs fallen lassen. Dann schicken Sie Ihren Hund mit dem Signal „Apport". Aber auch hier sollte der Welpe einen kurzen Moment warten. Erst, wenn er entspannt sitzt, geben Sie ihm das Signal. Schon jetzt kann er lernen, höheren Bewuchs anzunehmen und seine Nase zu gebrauchen. Findet er nicht, dann helfen Sie ihm, indem Sie ihn in den Wind des Dummies bringen.

Bald wird Ihr Welpe verstehen, dass er erst auf Ihr Signal warten muss und nicht gleich lostürmen darf, sobald das Dummy ausgelegt ist. Somit haben Sie einen weiteren Grundstein zur Steadyness gelegt. Verlängern Sie langsam die Zeit des Wartens, sichern Sie den Welpen aber immer noch, indem Sie eine Hand in einigem Abstand vor seine Brust halten und ihn so bei einem eventuellen Einspringen kontrollieren und korrigieren können. Variieren Sie auch das Gelände, bauen Sie jedoch noch keine weiten Entfernungen auf.

WICHTIG

Ruhig liegende Dummies

Apportiert Ihr Welpe sicher, können Sie auf fliegende Dummies verzichten. Versuchen Sie ihn nur noch auf ruhig liegende Dummies zu schicken.

1

2

3

Apport aus dem Wasser

Apportiert Ihr kleiner Kerl an Land sicher, können Sie ihn auch ein Dummy aus dem Wasser apportieren lassen. Für die ersten Apporte sollten Sie sich in das seichte Wasser stellen. Motivieren Sie Ihren Welpen mit dem Dummy oder Spielzeug zum Schwimmen, sicher wird er mit etwas Motivation schnell das Wasser annehmen und Ihnen das Apportel bringen. Nehmen Sie ihm das Apportel noch im Wasser ab. Er soll gar nicht auf die Idee kommen, sich zu schütteln.
Klappt das gut, dann können Sie es wagen. Werfen Sie das Dummy ins Wasser und schicken Ihren Welpen zum Apport. Kommt er aus dem Wasser, dann rennen Sie sofort von der Uferkante weg, damit er Ihnen schnell folgt und nicht auf die Idee kommt, sich zu schütteln. Sobald er hinter Ihnen ist, drehen Sie sich um und loben und streicheln ihn, bevor Sie das Dummy abnehmen. Führen Sie ein Signal für das Schütteln ein, z. B. „Schüttel dich", sobald er sich nun schüttelt. Bald wird er sich direkt auf das Signal hin schütteln. Somit können Sie ihn viel leichter kontrollieren.
Bleiben Sie nicht am Ufer stehen, denn die meisten Welpen neigen dazu, sich erst einmal zu schütteln sobald sie Boden unter den Pfoten haben. Sie wollen das Wasser im Fell schnellstens loswerden. In der Regel bleiben sie stehen, lassen das Dummy fallen und schütteln sich. Laufen Sie kurz vor dem Welpen weg, dann wird er Ihnen folgen und Sie können diesen Fehler vermeiden.

VORSICHT

Schwimmen
Schwimmt Ihr Welpe wider Erwarten nicht, oder ist die Jahreszeit nicht zum Schwimmen geeignet, dann verschieben Sie den Wasserapport auf später. Machen Sie auf keinen Fall Druck. Früher oder später schwimmt jeder Retriever. Bieten Sie dem Welpen immer wieder die Möglichkeit zum Schwimmen an. Irgendwann fällt der Groschen.

4

5

6

7

8

9

10

1–6 Sobald Ihr Welpe sicher schwimmt und gut an Land apportiert, können Sie ihn auch aus dem Wasser apportieren lassen.

7–9 Laufen Sie vom Ufer weg, sobald Ihr Welpe Boden unter den Pfoten hat. Er wird Ihnen folgen und gar nicht erst ans Schütteln denken.

10 Trocknen Sie den kleinen Kerl nach dem Schwimmen gut ab.

Zielorientierte Beschäftigungsideen

Das eigentliche Dummytraining des Retrievers beginnt in der Regel zwischen dem fünften und sechsten Lebensmonat. Dies bedeutet jedoch nicht, dass man den Welpen bis zu diesem Alter nicht fördern kann. Die Art der Förderung sollte jedoch dem Alter und der Belastbarkeit des Hundes angepasst sein. In der ersten Zeit, in der ein Welpe psychisch und physisch noch nicht so belastbar ist, sollte die Beschäftigung keinesfalls ein ernstes Training sein.

WICHTIG

Kommunikation
Eine gute Kommunikation zwischen Mensch und Hund steigert die Konzentration des Hundes auf den Menschen. Besteht diese, dann erhöht sich die Lerngeschwindigkeit sowie der Lernerfolg des Hundes.

Aufmerksamkeits- und Konzentrationsspiele

Der Retriever sollte mit seinem Menschen eng zusammenarbeiten, dafür muss er lernen, mit diesem Kontakt zu halten. Aufmerksamkeits- und Konzentrationsspiele fördern diese Kontaktaufnahme und bauen zudem ganz einfach auch die Bindung auf. Das Erwecken von Aufmerksamkeit ist deshalb ein ganz wichtiger Ausbildungsschritt. Um die Aufmerksamkeit zu wecken, muss der Mensch eine geeignete Motivationsquelle finden. Bei den meisten Hunden funktioniert dies über Futter, aber auch über ein geeignetes Spielzeug. Wichtig ist nur, dass der Welpe dieses Objekt auch haben möchte und deshalb Kontakt zu seinem Menschen aufnimmt. Bei einem satten Welpen ist Futter sicher nicht das geeignete Mittel, um seine Aufmerksamkeit zu bekommen. Auch die Konzentrationsfähigkeit muss gezielt gefördert werden. Beginnen Sie mit dem Training in einer ruhigen, reizarmen Umgebung.

Bauen Sie langsam die Konzentrationsfähigkeit des Welpen aus.

Schau mir in die Augen, Kleines

Lassen Sie den Welpen vor sich sitzen. Führen Sie ein Leckerchen zu seiner Nase, sodass er den Geruch wahrnehmen kann. Ermahnen Sie ihn, wenn er nach der Hand mit dem Leckerchen springt, er soll sitzen bleiben. Führen Sie nun die Hand mit dem Leckerchen langsam nach oben in Richtung Ihres Gesichtes und schauen Sie Ihren Welpen dabei an. Er wird sich auf das Leckerchen konzentrieren und Ihrer Hand folgen. Um die Aufmerksamkeit zu steigern, können Sie die Hand wieder langsam in Richtung Hundenase führen, um diese dann wieder nach oben in Richtung Ihres Gesichtes zu ziehen. Gewinnen Sie so die Aufmerksamkeit Ihres Hundes und bauen Sie eine Konzentrationsphase auf. Mit zunehmender Übung können Sie diese Phase immer mehr ausdehnen. Hat der Welpe gut mitgemacht, dann führen Sie die Hand nach unten und lassen ihn zur Belohnung das Leckerchen fressen. Lassen Sie sich das Leckerchen aber nicht aus der Hand klauen. Sie sind der Chef und bestimmen, wann der Welpe das Leckerchen bekommt.

Funktioniert dies gut, dann sollten Sie mit Ablenkungen arbeiten. Lassen Sie andere Hunde an Ihrem Welpen vorbeigehen, erst in Entfernung, dann immer näher. Er soll diese nicht beachten, sondern sich weiter auf Sie konzentrieren und den Augenkontakt halten. Loben Sie ihn, wenn es gut klappt. Steigern Sie langsam die Intensität der Ablenkung. Bald können Sie auch einen Ball oder ein Spielzeug neben den Welpen werfen, ohne dass er sich von diesem ablenken lässt. Diese Übung ist auch ideal, um den Welpen vor einer Trainingseinheit auf sich und die Arbeit zu konzentrieren. Insbesondere Welpen, die sehr hektisch und unruhig sind und sich nur schwer konzentrieren können, lernen durch diese Übung, was Ruhe, Aufmerksamkeit und Konzentration bedeutet.

Ich lass dich nicht aus den Augen

Hat der Welpe gelernt, dass er mit seinem Menschen Kontakt aufnehmen muss, können Sie folgende Übung machen. Lassen Sie ihn wieder vor sich sitzen. Zeigen Sie ihm die Hand mit dem Leckerchen oder dem Spielzeug. Gehen Sie dann einige Meter von Ihrem Welpen weg. Konzentrieren Sie sich auf ihn, er wird es auch tun. Gehen Sie einen kleinen Bogen nach rechts und dann einen Bogen nach links, beschreiten Sie so einen Halbkreis um den Welpen herum. Wird er unaufmerksam, dann sprechen Sie ihn kurz an und ändern die Richtung. Er soll lernen, Sie mit seinen Blicken zu verfolgen. Weiten Sie die Strecke, die Sie um ihn herumgehen, immer mehr aus. Schließlich sollten Sie einen Kreis um ihn gehen können, ohne dass er Sie aus den Augen verliert. Am Ende der Übung gehen Sie zu Ihrem Welpen zurück und geben ihm das Leckerchen oder spielen mit ihm mit dem Spielzeug, das Sie in der Hand halten.

So lernt Ihr Welpe, sich in jeder Situation auf Sie zu konzentrieren.

Nasenspiele

Hunde sind von Natur aus mit einer hervorragenden Nase ausgestattet und können um ein Vielfaches mehr riechen als wir Menschen (siehe S. 44). Sie haben die Fähigkeit, auch kleinste Geruchspartikel wahrzunehmen und können geringste Geruchsnuancen unterscheiden. Hunde definieren und beurteilen die Umwelt hauptsächlich mit Hilfe ihrer Nase, deshalb ist der Geruchssinn für sie sehr wichtig. Sie müssen jedoch lernen, mit ihrer guten Nase umzugehen. Bereits im Welpenalter sollte das Verständnis für den Nasengebrauch gefördert werden. Hierfür eignen sich Nasensuchspiele.

Leckerchenausstreuspiel

Für dieses Spiel streut man einige schmackhafte Leckerchen oder auch Käse- oder Fleischwurstwürfel in einer Wiese aus (ca. 4 m^2), dabei lässt man den Welpen zusehen. Dann darf er die Leckerchen auf der Wiese suchen.

Mit dieser Übung legen Sie den ersten Grundstein für das Suchensignal. Sie sollten deshalb jetzt schon die Körpersprache und auch das Signal einführen, das Sie später benutzen möchten. Um den Welpen zu schicken, führen Sie direkt vor seiner Nase Ihre rechte Hand bis zum Boden – Ihr Welpe wird der Hand sicher folgen und sich mit seiner Nase auf den Boden konzentrieren. Schnüffelt er nun am Boden, dann schicken Sie ihn mit einer kurz über den Boden ausgeführten

WICHTIG

Suchenpfiff

Mit dem Suchenpfiff teilen Sie später beim Einweisen dem Hund mit, dass er im Suchengebiet angekommen ist und er nun mit tiefer Nase in seiner unmittelbaren Umgebung intensiv suchen muss.

Um die Sinne zu fördern, eignen sich Nasenspiele. Hier wird der Welpe geistig ausgelastet und lernt, sich auf seine Nase zu verlassen.

streichenden Bewegung Ihrer Hand ins Suchengebiet hinein. Wählen Sie für das Signal eine weiche und freundliche Tonlage, um den Welpen zum Suchen zu animieren. Wenden Sie auch den Suchenpfiff bzw. das Suchensignal an (Pfeifsignal: kurze immer wiederkehrende Pfiffe oder immer wiederkehrende kurze und lange Pfiffe / verbales Signal: „hi lost", „lost").
Läuft der Welpe nicht selbstständig los, dann gehen Sie vor ihm mit der immer zum Boden weisenden Hand ins Suchengebiet hinein; fordern Sie ihn freundlich zum Suchen auf. Ideal ist, wenn Sie den Welpen mit Ihrer gemeinsamen Suche in den Wind der Leckerchen

bringen, damit er schnell Erfolg hat. Durch das Finden der Leckerchen wird er in seinem Tun bestätigt und lernt schnell, dass er bei diesem Signal mit der Nase in seiner unmittelbaren Umgebung suchen muss. Hat Ihr Welpe das Signal verstanden, sollten Sie die Übung etwas anspruchsvoller gestalten. Lassen Sie ihn nun nicht mehr beim Ausstreuen zuschauen. Holen Sie ihn erst an die Stelle, wenn die Leckerchen bereits in der Wiese liegen. Für die daraufhin folgenden weiterführenden Trainingseinheiten können Sie ein Gelände mit etwas höherem Bewuchs wählen. Ihr Welpe soll lernen, seine Nase einzusetzen. Steigern Sie die Anforderungen langsam.

1 Der Schleppenanfang wird mit einer Bodenverwundung und einigen Fleischwurststückchen markiert.

2 Entlang des Schleppenverlaufs reibt man immer wieder mit der Fleischwurst über den Boden und lässt ab und zu Bestätigungsbrocken liegen.

Futterschleppe

Eine Schleppe ist eine Spur, die der Hund verfolgen soll. Um eine Futterschleppe zu legen, braucht man Käse- oder Fleischwurstwürfel, man kann aber auch Pansen oder Lunge hinter sich herziehen. Der Schleppenleger markiert den Anfang der Schleppe mit einer Bodenverwundung, in die mehrere Fleischwurstwürfel gelegt werden. Für den Schleppenverlauf reibt man in kleinen Abständen immer wieder mit einem Fleischwurststück auf dem Boden, damit dort Fleischwurstwitterung verbleibt, oder man zieht den Pansen oder die Lunge an einer Kordel hinter sich her. Auf dem Schleppenverlauf legt man

immer wieder einige Fleischwurst- oder Käsewürfel aus. Findet der Welpe diese auf seinem Weg, wird er bestätigt und so zum Weitersuchen motiviert. Am Ende der Schleppe sollte den Welpen etwas besonders Leckeres erwarten, Sie können dort auch die Futterschüssel deponieren. Legen Sie für den Anfang kurze Schleppen, beginnen Sie bei etwa 10 m.

Ansetzen des Welpen

Sobald die Schleppe gelegt ist, holen Sie den Welpen an den Anfang der Schleppe. Setzen Sie ihn in einiger Entfernung ab. Untersuchen Sie nun interessiert die Bodenverwundung, damit Ihr Welpe darauf aufmerksam wird. Sobald er aufmerksam ist, können Sie ihn an den Schleppenanfang holen. Zeigen Sie ihm mit Ihrer Hand die Bodenverwundung. Lassen Sie ihn dort riechen und die Fleischwurstwürfel fressen. Um ihn zum Weitersuchen zu motivieren, können Sie ihm mit der Hand den Schleppenverlauf zeigen (Signal: ein langgezogenes „SUUUCH“). Er wird sicher schnell begreifen und die Schleppe dann selbstständig ausarbeiten. Ihr Welpe sollte langsam mit tiefer Nase die Spur verfolgen (buchstabieren), dabei nicht in eine hektische Arbeitsweise verfallen und weiträumig suchen. Um das ruhige Arbeiten zu fördern, sollte die Schleppe bald schwerer gestaltet werden. Verlängern Sie die Entfernung und bauen Sie dann auch Kurven oder Winkel ein. Zudem können Sie allmählich das Gelände schwieriger wählen.

WICHTIG

Lernziel Futterschleppe
Ziel der Futterschleppe ist, dass der Welpe lernt die Spur konzentriert zu verfolgen, und nicht das Erreichen des Endes. Mit dieser Übung legen Sie den Grundstein für die spätere Schleppen- und Schweißarbeit.

Zeigen Sie dem Welpen mit Ihrer Hand den Anfang und den Verlauf der Schleppe, bis er diese annimmt und von alleine weitergeht.

Hütchenspiel

SCHRITT 1 Werfen Sie vor den Augen des Welpen ein Leckerchen in einen Futtermessbecher. Gestalten Sie dies besonders interessant, damit das Interesse Ihres Welpen geweckt wird. Stellen Sie dann den Becher auf den Fußboden, so dass die Öffnung des Bechers nach unten zeigt. Animieren Sie den Welpen dazu, den Becher umzuwerfen. Als Belohnung darf er das Leckerchen fressen.

Lassen Sie den Welpen erste Erfahrungen mit den unterschiedlichsten Wildarten machen. Erwarten Sie aber nicht, dass er spontan aufnimmt.

SCHRITT 2 Benutzen Sie nun zwei (später auch drei) Becher, jedoch nur unter einem liegt ein Leckerchen. Verschieben Sie die Becher vor den Augen des Welpen so wie beim Hütchenspiel. Dann lassen Sie den Welpen das Leckerchen suchen, welches er zur Belohnung fressen darf.

Hütchensuche

Voraussetzung ist, dass der Welpe weiß, dass unter den Bechern Leckerchen liegen. Nehmen Sie mehrere Futtermessbecher und verteilen diese in der Wohnung, aber nur unter einem liegt ein Leckerchen. Lassen Sie Ihren Welpen nun suchen. Je besser er ist, umso mehr Futtermessbecher können Sie aufstellen. Anfangs sollten Sie Ihren Welpen zuschauen lassen, später geht es auch ohne.

Leckerchensuchspiel

Lassen Sie Ihren Welpen sitzen. Zeigen Sie ihm ein Leckerchen, dann gehen Sie durch die Wohnung und verstecken dieses vor seinen Augen im Zimmer. Kehren Sie zu ihm zurück und schicken Sie ihn zur Suche. Er darf das Leckerchen als Belohnung fressen. Gestalten Sie die Suche mit zunehmender Routine immer schwieriger, später können Sie auch das Zimmer verlassen.

Leckerchenfährte

Legen Sie im Abstand von etwa 15 bis 20 cm mehrere Leckerchen in eine Reihe sowie auf einer Fährte in der Wohnung. Anfangs nur wenige Meter. Setzen Sie dann den Welpen am Anfang der Fährte an.

Zeigen Sie ihm mit Ihrer Hand die ersten Leckerchen, dann lassen Sie ihn alleine weitersuchen. Seine Nase wird ihn sicher bis ans Ende der Fährte führen. Ans Ende sollten Sie zur Belohnung ein besonders schmackhaftes Leckerchen oder einen Kauknochen hinlegen. Als Variante können Sie die Leckerchenfährte von einem ins andere Zimmer legen, Kurven und Winkel einbauen und auch die Abstände zwischen den Leckerchen vergrößern.

Begegnungen mit Wild

Hunde haben die Fähigkeit eine Duft-Datenbank aufzubauen, deshalb sollte der Welpe schon früh die Möglichkeit haben, viele unterschiedliche Erfahrungen mit seiner Nase zu sammeln. Hat er einen bestimmten Duftstoff schon einmal gerochen, wird er sich auch als erwachsener Hund daran erinnern. Welpen, die später als Jagdhund eingesetzt werden, sollten deshalb schon früh an verschiedene Wildarten herangeführt werden. Belassen Sie es jedoch bei einer vorsichtigen Kontaktaufnahme. Es reicht, wenn der Welpe vorsichtig an dem Stück Wild riecht. Erwarten Sie nicht, dass er das Wild spontan aufnimmt und trägt. Jeder Kontakt mit Wild sollte positiv ohne Stress und Druck vonstatten gehen, denn der Welpe sollte Wild immer positiv verbinden.

Die 17. bis 24. Lebenswoche (Rudelordnungsphase)

Vom Welpen zum Junghund

Der vollendete Zahnwechsel zeigt an, dass aus dem Welpen ein Junghund wird. In diesem Alter sind auch alle Voraussetzungen gegeben, um den Hund als vollwertigen Jagdpartner ins Rudel zu integrieren. Er darf nun zum ersten Mal in der Begleitung der Eltern die vertraute Umgebung verlassen und wird nach und nach zum Jagdpartner ausgebildet. Durch gemeinschaftliche Jagderfolge lernt er, dass die Zusammenarbeit mit dem erfahrenen Leittier den jagdlichen Erfolg sichert. Er macht so die Erfahrung, dass die Gemeinschaft dem Einzelnen Vorteile bietet. Der Mensch als Rudelführer sollte nun seinen Platz als Leitfigur unterstreichen, wobei es mehr darauf ankommt, den erfahrenen, psychisch überlegenen Anführer zu demonstrieren als den Tyrannen. In diesem Alter entwickelt sich die Gefolgschaftstreue oder einfacher gesagt, der Gehorsam wird ausgebaut. Versagt der Rudelführer als Leitbild, wird der Junghund versuchen, seine Stellung zu verbessern. Denn einer muss schließlich das Rudel sicher führen und lenken. Ein Rudel ohne Rudelführer darf es aus hündischer Sicht nicht geben. Der Junghund teilt es seinem Menschen unvermittelt mit, in dem er immer öfter seiner eigenen Wege geht und seinem Menschen keine Aufmerksamkeit schenkt, oder nur noch, wenn er es möchte.

WICHTIG

Gefolgschaftstreue
Stimmt die Beziehung zwischen Ihnen und Ihrem Hund? Ihr Hund wird es Ihnen unmissverständlich zeigen. Anhänglichkeitsbezeugungen wie Ablecken, Suche nach Körperkontakt sind eindeutige Zeichen. Weisen Sie Ihren Hund in solchen Situationen auf keinen Fall ab.

RUDELORDNUNGSPHASE
WAS FINDET IN DIESER ZEIT STATT?

Entwicklung des Welpen

- Der vollendete Zahnwechsel macht aus dem Welpen einen Junghund. Der Junghund wird vollwertiges Rudelmitglied.

Aktivitäten des Welpen

- Der Mensch als Rudelführer muss seinen Hund überlegen und vertrauensvoll führen und ihm einen festen Platz in dem Ersatzrudel Familie zuweisen.

Mit ca. der 17. Lebenswoche endet die Welpenzeit. Nun begleitet Sie ein kleiner Junghund, der auch immer einmal wieder Flausen im Kopf haben wird.

Das Hundegebiss

Hunde gehören zu den Raubtieren und haben als Fleischfresser ein Gebiss, das zum Ergreifen, Festhalten und Abwürgen von Beutetieren und zum Abreißen und Abschneiden von Fleischteilen geeignet ist. Bei der Geburt hat der Welpe noch keine Zähne. Etwa in der 4. Lebenswoche brechen zuerst die Milchzähne im Unterkiefer durch. Das Milchgebiss ist am Ende der 6. Lebenswoche vollständig ausgebildet und weist 28 Zähne auf, die noch sehr spitz sind.

Zahnwechsel

Der Zahnwechsel vom Milch- zum bleibenden Gebiss ist ein schmerzhafter Prozess und beginnt etwa im 3. Lebensmonat mit dem Ausfall der Schneidezähne. Die Milchzähne des Welpen sind vollständig ausgebildet und insbesondere die Fangzähne haben lange Wurzeln. Durch den Druck der nachwachsenden Zahnkeime des Dauergebisses müssen die Milchzähne resorbiert werden. In dieser Zeit hat der Welpe ein größeres Bedürfnis zum Kauen bzw. Zerkauen. Bieten Sie ihm genug Dinge an, auf denen er herumkauen kann. Ideal hierfür sind Kauknochen. Während des Zahnwechsels kann es sein, dass der Welpe lustlos ist und nicht gerne etwas trägt. Bei einigen Welpen kann man auch beobachten, dass die unteren Augenlider extrem hängen. Dies gibt sich aber in der Regel wieder. Der Zahnwechsel ist meist im sechsten Monat vollendet und macht aus dem Welpen einen Junghund.

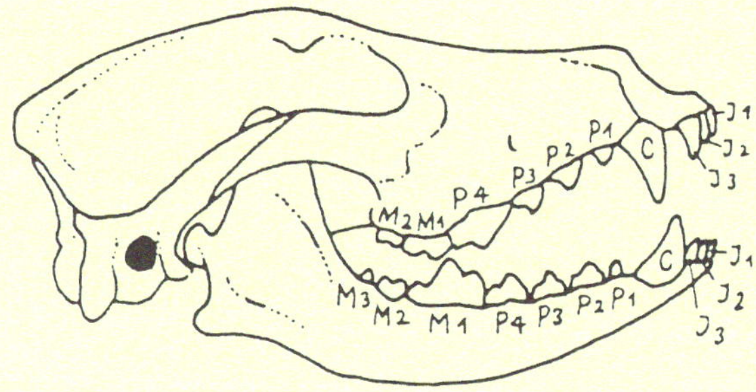

Im Oberkiefer befinden sich drei Schneidezähne (Incisivi), ein Fangzahn (Caninus), vier vordere Backenzähne (Prämolaren) und zwei hintere Backenzähne (Molaren). Im Unterkiefer sind es drei Molaren. Das ausgebildete Hundegebiß besteht somit aus insgesamt 42 Zähnen.

Gebissaufbau

Der erwachsene Hund hat mit 42 Zähnen; 4 Prämolare (vordere Backenzähne) und die 10 Molare (hintere Backenzähne) mehr als der Welpe im Milchgebiss. Der erwachsene Hund hat im Oberkiefer 20 Zähne: 6 Schneidezähne (Incisivi), 2 Eck- bzw. Fangzähne (Canini), 8 vordere Backenzähne (Prämolaren) und 4 hintere Backenzähne (Molaren). Im Unterkiefer sind es 22 Zähne, dort hat der Hund pro Seite einen Molaren mehr. Der vierte Prämolar (P4) des Oberkiefers und der erste Molar (M1) des Unterkiefers bilden die mächtigen Reißzähne, mit diesen kann der Hund Fleischstücke herausreißen.

Scherengebiss

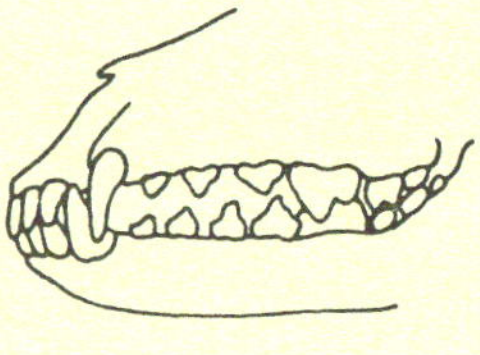

Scherengebiss

Beim normalen Hundegebiss greifen die Zähne des Oberkiefers (außer bei den hinteren Backenzähnen) wie eine Schere über die Außenfläche der unteren Zahnreihe, man nennt diese Gebissstellung deshalb Scherengebiss. Stoßen die Schneidezähne aufeinander, so spricht man vom Zangengebiss. Diese Zahnstellung ist nicht erwünscht und Hunde mit einem Zangengebiss sind von der Zucht ausgeschlossen.

Ausbildung mit klaren Zielen

Ihr Retriever hat nun in der Regel die für die gezielte Ausbildung notwendige psychische Reife und physische Belastbarkeit erreicht. Individuelle Entwicklungsunterschiede sind natürlich möglich, bitte passen Sie sich dem Entwicklungsstand Ihres Hundes an.
Nun können Sie systematisch auf die in den vergangenen Wochen spielerisch gelegten Grundlagen aufbauen und mit dem Junghund zur zielgerichteten Ausbildung übergehen. Erste Grundlagen der Dummyarbeit können gelegt werden. Die wirklich ernsthafte Ausbildung und somit das formale Training des Retrievers beginnt nun. Die Gehorsamsübungen werden deshalb erweitert, man achtet nun immer mehr auf die exakte Ausführung.

WICHTIG

Besser einfach als kompliziert
Je einfacher ein Training strukturiert ist, umso schneller kann der Hund den Lerninhalt verstehen. Je komplizierter die Struktur und umso mehr Hilfsmittel Sie für das Training benötigen, desto mehr kann schiefgehen.

ZIELE FÜR DAS ERSTE LEBENSJAHR

Als Fundament für das weiterführende Training sollte ein Retriever folgende Dinge erlernt haben:

- Kommen, wenn er gerufen wird.
- Aus dem Auto nur herausspringen, wenn er dazu aufgefordert wird.
- Bei jeglichen Ablenkungen sitzen und bleiben.
- Perfekt bei Fuß gehen und sich gerade an den Fuß setzen.
- Andere Hunde beim Arbeiten ignorieren.
- Beim Arbeiten und Warten absolut ruhig und gelassen sein.

Warten im Auto

Trainieren Sie mehrere Hunde, dann sollten Sie Ihren Junghund, wenn er im Auto warten muss, so platzieren, dass er nichts sehen oder hören kann. Bekommt er das Training mit, dann provoziert man seinen lautstarken Einspruch. Parken Sie dort, wo der Hund das Training weder sehen noch hören kann. Bellt er, wenn er alleine im Auto warten muss, dann sollten Sie das „Alleine bleiben" gezielt mit ihm üben. Ignorieren hilft bei diesem Verhalten in der Regel nicht. Meistens müssen Sie zu drastischeren Mitteln greifen. Parken Sie so, dass Sie sich in der Nähe des Autos verstecken können. Schleichen Sie sich dann an Ihren bellenden Junghund an und korrigieren Sie ihn mit einem strengen „Nein" oder „Ruhig". Ist er ruhig und geduldig, dann gehen Sie zu ihm und loben ihn.
Holen Sie ihn niemals zum Training aus dem Auto, solange er bellt oder winselt. Denn so hätte er erreicht, was er wollte und wird zudem mit dem Training für sein ungebührendes Verhalten noch positiv bestätigt.

Loben Sie Ihren Hund, wenn er brav „bei Fuß“ geht.

Leinenführigkeit für Profis

Haben Sie konsequent geübt, dann wird Ihr Hund nun schon ziemlich gut an der Leine laufen können. Nun sollten Sie eine immer perfektere Leistung anstreben. Bauen Sie langsam die Hilfen ab. Mit dem Leckerchen oder Ball sollten Sie nur noch wenn nötig die Aufmerksamkeit Ihres Junghundes einfangen. Bestätigen Sie ihn jedoch weiterhin mit einem Leckerchen oder einem verbalen Lob, wenn er schön mit durchhängender Leine neben Ihnen läuft und Sie anschaut.

Ablenkungen durch Apportel

Weiten Sie die Strecke aus und bauen Sie gezielt Schwierigkeiten ein. Gehen Sie z. B. mit Ihrem Retriever an der Leine, stoppen Sie und lassen ihn sitzen. Legen Sie die Leine neben ihn ins Gras, entfernen Sie sich etwas und werfen Sie nun einige Meter vor ihn ein Apportel (Dummy, Ball, Spielzeug). Dann gehen Sie zu Ihrem Junghund zurück, loben ihn für das Sitzenbleiben, nehmen die Leine wieder auf und entfernen sich mit ihm von dem ausgelegten Gegenstand in entgegengesetzter Richtung. Drehen Sie sich nach wenigen Metern wieder zum Gegenstand um, richten Ihren Hund in diese Richtung aus, lassen ihn sitzen und schicken ihn mit „Voran“ zum Apportel. Er lernt so zu akzeptieren, dass er nicht gleich zu allen tollen Dingen hinlaufen darf, sondern auch in diesen spannenden Situationen Ihnen an lockerer Leine „bei Fuß“ folgen muss.

Richtungs- und Tempowechsel

Jetzt können Sie auch gezielt Kurven, Wendungen, Schlangenlinien einbauen und verschiedene Laufgeschwindigkeiten üben, vom Schneckentempo bis zum zügigen Schritt. Steigern Sie die Anforderungen langsam. Lassen Sie den Junghund während der Fußübungen auch immer wieder mal sitzen. Sicher wird er bald wie ein Luchs aufpassen, damit er keine von Ihren Bewegungen und Richtungsänderungen verpasst, so interessant aufgebaut macht das Training Hund und Hundeführer Spaß.

Unaufmerksamkeit

Ist Ihr Hund wider Erwarten unaufmerksam, dann müssen Sie sofort reagieren. Gestalten Sie die Übung spannender, indem Sie wieder eine Richtungs- oder Geschwindigkeitsänderung einbauen. Tendiert er zu stark nach vorne oder zur Seite von ihrem Bein weg, dann ändern Sie ohne Vorwarnung Ihre Laufrichtung. Läuft der Hund zu stark nach vorn, dann drehen Sie sich um 180° und laufen ohne langsamer zu werden in die entgegengesetzte Richtung. Läuft er zu weit nach links, dann laufen Sie nach rechts. Bleibt Ihr Retriever zurück oder konzentriert sich auf die Witterungen am Boden, dann gehen Sie einfach schneller. Die Leine wird sich vorübergehend spannen, der Hund wird aufmerksam, schaut sich um, bemerkt die geänderte Laufrichtung und wird Ihnen folgen. Sobald er wieder korrekt neben Ihnen an durchhängender Leine läuft, sollten Sie ihn loben und das Signal „Fuß“ wiederholen. Ihr Hund lernt so, dass es wichtig ist, auf Sie zu achten, denn jederzeit kann sich die Laufrichtung oder die Laufgeschwindigkeit ändern. Sie müssen jedoch immer unmittelbar reagieren.

Zum Anlegen der Moxonleine halten Sie die Schlinge vor den Kopf Ihres Junghundes. In der anderen Hand halten Sie ein Leckerchen, mit dem Sie den Hund motivieren, freiwillig seinen Kopf durch die Schlinge zu stecken.

Moxonleine

Zieht Ihr Hund nicht an der Leine, können Sie ihn an die Moxonleine gewöhnen. Diese Leine besteht aus einem Stück, d. h. Halsband und Leine hängen zusammen. Ideal ist, dass man die Leine schnell abnehmen kann und der Hund somit kein Halsband mehr um hat. Das Halsband birgt besonders in unwegsamem Gelände oder auch im Wasser ein erhebliches Verletzungsrisiko.
Achten Sie darauf, dass Sie die Moxonleine richtig anlegen. Der Ring muss frei laufen können, denn sonst kann sich die Leine nicht mehr lockern, da der Ring mit dem Seil verklemmt und der Zug auf der Leine bestehen bleibt.

Freie Folge

Geht Ihr Hund nun schon passabel an der Leine, dann können Sie mit der „freien Folge“ beginnen. Gehen Sie mit Ihrem Hund ein kurzes Stück an der Leine, lassen Sie ihn sitzen. Achten Sie darauf, dass Ihr Retriever parallel zu Ihnen sitzt, mit seiner Schulter auf der Höhe Ihres Knies. Sitzt er nicht korrekt, dann korrigieren Sie Ihre Position zum Hund. Loben Sie ihn erst, wenn Sie die korrekte Position eingenommen haben. Achten Sie bereits jetzt auf die exakte Sitzposition, werden Sie es später beim Einweisen einfacher haben.
Leinen Sie Ihren Hund nun ab. Versuchen Sie, seine Aufmerksamkeit mit Ihrer Stimme, einem Leckerchen oder einem Spielzeug auf sich zu ziehen. Sobald er Sie anschaut, gehen Sie mit dem linken Fuß zuerst los und sagen „Fuß“. Anfangs reichen kurze Wegstrecken von drei bis vier Schritten, die Sie mit zunehmender Übung ausweiten können. Geht Ihr Hund unangeleint schön neben Ihnen, können Sie wieder Schwierigkeiten einbauen, wie Wendungen und Schlangenlinien. Lassen Sie den Hund auch bei Ihren Fuß-Übungen ab und zu absitzen. Driftet er zu weit von Ihrem Bein weg, sollten Sie wieder einen Schritt zurückgehen und einige Meter mit ihm an der Leine üben.

Ruhe und Gelassenheit

Erziehen Sie Ihren Retriever zu einem ruhigen, angenehmen und ausgeglichenen Hund. Ruhe und Gelassenheit ist nicht nur für die Jagd und die Dummyarbeit unverzichtbar, ebenso erleichtern diese Eigenschaften das Zusammenleben im Alltag ungemein. Am einfachsten geht es, wenn Sie Ihre Ruhe auf Ihren Hund übertragen und er so lernt, ruhig und entspannt zu warten.
Welpen und Junghunde sind im Allgemeinen voller Lebensfreude und Tatendrang und können sich nur schlecht zügeln. Oft kann man beob-

Springt Ihr Hund an der Leine unruhig umher, dann sollten Sie ihm eindeutig zeigen, dass es so nicht geht.

achten, wie Welpen übermütig neben ihren Besitzern hochspringen und sich dem Eindruck nicht erwehren, dass der Kleine Hummeln im Hintern hat. Genau dieses ungestüme Verhalten müssen Sie unterbrechen und in geeignete Bahnen lenken.

WICHTIG

Selbstdisziplin
Wichtig ist, dass Ihr Hund Selbstdisziplin lernt. Dempfen Sie seine Erwartungshaltung. Er darf nicht denken, dass sich alles nur um ihn dreht, sondern er muss lernen, dass er nichts erzwingen kann. Nur wenn er sich ruhig verhält, bekommt er Ihre Aufmerksamkeit.

Temperamente zügeln lernen

Nehmen Sie Ihren ungestümen Hund an eine lange Leine. Stellen Sie nun Ihren Fuß auf die Leine, sodass er nur noch etwa einen Leinenspielraum von einem halben Meter hat. Bleiben Sie ruhig und gelassen stehen, schauen Sie sich die Gegend an und ignorieren Sie jegliches Verhalten Ihres Hundes – also kein Blick und kein Wort an den Hund. Er wird springen, ziehen, graben, bellen, winseln, sich auf den Boden schmeißen, wälzen – er wird mit allen Mitteln versuchen, Ihre Aufmerksamkeit zu erregen. Sicher wird er sich eine Menge einfallen lassen. Ignorieren Sie alle seine Aktionen, solange er sich unbändig benimmt, würdigen Sie ihn keines Blickes. Bleiben Sie einfach nur ruhig und gelassen, diese Ruhe wird sich auf den Hund übertragen. Ihr Welpe wird sich ganz bestimmt nach einiger Zeit ebenfalls ruhig und entspannt neben Sie legen oder setzen. Verhält er sich nun einige Zeit ruhig, dann nehmen Sie den Fuß von der Leine und loben ihn für sein ruhiges Verhalten.
Ihr Hund wird mit der Zeit durch diese Übung lernen, dass es Situationen gibt, in denen er sich hinlegen und entspannen muss. Üben Sie immer, wenn Sie stehen und warten, wenn Sie auf einer Parkbank sitzen, wenn Sie in einem Lokal sind. Es gibt viele Gelegenheiten, dem Junghund Ruhe und Gelassenheit beizubringen.

Stellen Sie sich auf die Leine und beachten Sie ihn so lange nicht, bis er ruhig und gelassen wird. Drehen Sie sich nun zu ihm um und loben Sie ihn für sein ruhiges Verhalten.

Kleine Suche bzw. Suchenpfiff

Den Grundstein für die Suche haben Sie bereits mit dem „Leckerchenausstreuspiel“ gelegt (siehe S. 140). Nun geht es einen Ausbildungsschritt weiter. Setzen Sie den Junghund ab und verstecken Sie vor seinen Augen kleine Welpendummies oder Tennisbälle (ca. 6 bis 8 Stück) in hohem ungemähtem Gras oder vergraben Sie diese unter etwas Laub oder Heu. Suchen Sie sich dafür ein kleines möglichst gut abgegrenztes Gebiet (ca. 4 bis 6 m^2). Gehen Sie nach dem Auslegen wieder zu Ihrem Hund zurück. Bewegen Sie Ihre Hand vor seinen Augen zum Boden; er soll seine Nase nach unten nehmen. Schicken Sie ihn mit einer kurz über dem Boden nach vorne weisenden Handbewegung und dem Signal „hi lost“ oder „Such Such“ oder dem Suchenpfiff. Anfangs können Sie auch mit ihm das Suchengebiet betreten und mit ihm gemeinsam suchen. Bringen Sie ihn dabei in den Wind der Dummies, er muss lernen, dass er diese mithilfe seiner Nase finden kann. Aber Vorsicht: Sie sollten ihm die Dummies nicht zeigen. Klappt das gut, dann bleiben Sie am Rand des Suchengebietes stehen. Ihr Retriever soll mit tiefer Nase das gesamte Gebiet absuchen. Läuft er aus dem Gebiet heraus, dann holen Sie ihn mit dem „Hier“-Signal zurück. Sobald er das Gebiet wieder betreten hat, fordern Sie ihn mit dem Suchensignal wieder zur Weitersuche auf.
Hat er die Übung verstanden, dann lassen Sie ihn nicht mehr beim Dummyauslegen zusehen. Mit zunehmender Sicherheit minimieren Sie die Anzahl der ausgelegten Dummies, bis Sie nur noch ein Dummy auslegen. Der Wind sollte anfänglich von vorne kommen, sodass der Welpe schnell die Witterung in die Nase bekommt. Mit zunehmender Übung wählen Sie den Wind dann von der Seite und schließlich von hinten.

Handzeichen für die „Freie Verlorensuche“: Mit einer schnellen Handbewegung in Bauchhöhe wird der Hund in das Suchengebiet geschickt (Signal „Such Verloren“).

Unterschied: Kleine Suche / Freie Verlorensuche

Die Kleine Suche ist nicht zu verwechseln mit der Freien Verlorensuche (Große Suche – Gebiet 50 x 50 m). Bei der Freien Verlorensuche soll der Hund mit hoher Nase ein großes Gebiet systematisch absuchen und dabei in den Wind revieren (Handzeichen: schnelle Bewegung auf Bauchhöhe in Richtung Suchengelände). Bei der kleinen Suche hingegen soll er mit tiefer Nase in seiner unmittelbaren Umgebung ein sehr kleines Gebiet sehr intensiv durchsuchen (Handzeichen direkt über dem Boden). Die Kleine Suche bzw. das Suchensignal/Suchenpfiff wird später beim Einweisen benötigt. Wenn der Hund mittels Einweisen im Zielgebiet angekommen ist und dort nicht findet, kann der Hundeführer ihn mit dem Suchensignal animieren, dort intensiv in seiner unmittelbaren Umgebung selbstständig mit tiefer Nase zu suchen.
Mit dem Training für die Freie Verlorensuche beginne ich erst, wenn der Hund die Grundzüge des Einweisens (Voranschicken) und auch die Kleine Suche verstanden hat.

Kleine Suche

1–4 Legen Sie Tennisbälle oder Welpendummies in hohen Bewuchs. Ihr Hund sollte diese nicht mit den Augen finden können.

5 Der Hund soll direkt beim Hundeführer die Nase nach unten nehmen und zu suchen beginnen. Bewegen Sie deshalb direkt vor der Hundenase Ihre Hand zum Boden.

6|7 Ist Ihr Hund in Richtung Boden konzentriert, dann schicken Sie ihn mit dem Suchensignal oder dem Suchenpfiff los.

1|2 Lassen Sie Ihren Hund sitzen …

Voranschicken

In den letzten Wochen hat der Welpe gelernt, vor dem Futternapf Gehorsam zu zeigen. Zudem hat er gelernt, einige Meter auf den Futternapf voranzugehen. Auf diesen Grundlagen können Sie nun aufbauen, um grundlegende Teile des Voranschickens zu erarbeiten. Hat Ihr Junghund bedingt durch den Zahnwechsel Probleme mit dem Tragen, sollten Sie weiterhin mit einem bzw. zwei Futternäpfen arbeiten. Trägt er sauber und bringt Dummies problemlos zurück, können Sie die hier beschriebenen Übungen auch mit einem Dummy erarbeiten. Es ist jedoch völlig irrelevant, ob der Hund nun auf einen Futternapf oder auf ein Dummy geschickt wird. Er soll lernen, der Richtung der Hand zu vertrauen und zu akzeptieren, dass in einer Richtung etwas passiert, er aber erst in eine anderer Richtung laufen soll.

Entfernungen vergrößern

Lassen Sie den Hund sitzen und stellen Sie den Futternapf mit einigen Leckerchen gefüllt in einigen Metern Entfernung auf die Wiese. Gehen Sie dann zum Junghund zurück, nehmen ihn an die Leine und gehen mit ihm einige Meter in die entgegengesetzte Richtung weg. Drehen Sie den Hund um, lassen ihn sitzen und schicken ihn mit der zum Futternapf zeigenden Hand „Voran" auf den Futternapf. Hat er die Leckerchen gefressen, dann rufen Sie ihn mit „Hier" zurück. Lassen Sie Ihren Hund wieder sitzen. Gehen Sie dann erneut zum Futternapf, werfen dort für den Hund deutlich hörbar wieder einige Leckerchen hinein. Gehen Sie zum Hund zurück, nehmen ihn wieder an die Leine und gehen Sie wieder einige Meter zurück. Schicken Sie ihn nun von Ihrem etwas weiter entfernten Standort. Steigern Sie so die Entfernung.

3–5 ... und bringen Sie das Dummy an einen für den Hund gut sichtbaren markanten Punkt.

6–9 Gehen Sie mit ihm zusammen ein Stück nach hinten und schicken Sie ihn dann vom neuen Standort aus auf das ausgelegte Dummy.

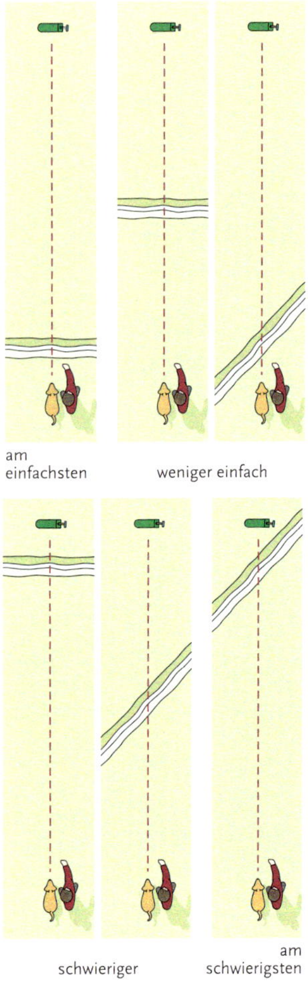

Geländekanten und -übergänge

Am einfachsten ist es für den Hund, wenn er an einer Geländekante (Leitlinie) entlanggeschickt wird. Hat er dies verstanden, können Sie ihn auch über Geländeübergänge hinweg arbeiten lassen. Je nachdem, wie Sie zum Geländeübergang stehen, kann die Übung einfacher oder schwerer sein (siehe Zeichnung).

Winkel verändern

Schicken Sie Ihren Hund wie beschrieben „Voran" auf den Futternapf. Lassen Sie Ihren Hund dann wieder sitzen und füllen Sie den Futternapf erneut auf. Anschließend gehen Sie mit dem Hund an der Leine auf einer gedachten Kreislinie einige Meter entlang. Sie haben nun den Winkel verändert, nicht die Entfernung! Schicken Sie Ihren Hund nun von dieser Position aus auf den Napf. Ihr Hund lernt durch diese Übung, dass Ihre Hand die Richtung anzeigt, in die er laufen soll. Schon bald können Sie beobachten, wie er sich anspannt, sobald Sie die Hand nach vorne nehmen. Verändern Sie langsam den Winkel, schreiten Sie den Kreis rundherum ab.
Sie können den Hund auch an dem Punkt sitzen lassen, von dem aus Sie ihn vorher geschickt haben. Gehen Sie nun allein einige Meter auf der Kreislinie entlang. Rufen Sie Ihren Hund dann erst zu sich, um ihn von der neuen Position aus auf den Napf zu schicken. Bald können Sie, um diese Übung schwieriger zu gestalten, auch mit Geländeübergängen arbeiten.

Voranschicken auf zwei Futternäpfe

Klappt das Voranschicken auf einen Futternapf, können Sie mit zwei arbeiten. Setzen Sie Ihren Hund ab, tragen Sie einen Futternapf einige Meter weg und gehen zum Hund zurück. Loben Sie ihn fürs Sitzenbleiben. Dann drehen Sie ihn um 180°, setzen ihn wieder ab und tra-

3

4

5

1–3 **Schicken Sie Ihren Hund mit einer ruhigen Hand. Er muss lernen, sich an ihr zu orientieren.**

4|5 **Bestätigen Sie ihn für ein schnelles und freudiges Zurückkommen.**

Die beschriebenen Übungen kann man wahlweise mit dem Futternapf oder mit einem Dummy ausführen.

gen den zweiten Futternapf weg. Gehen Sie erneut zum Hund zurück und schicken ihn auf den zuletzt aufgestellten Napf. Nachdem er die Leckerchen gefressen hat, rufen Sie ihn heran, drehen sich zusammen mit ihm um, richten ihn auf den anderen Futternapf aus und schicken ihn dann voran. Diese Übung können Sie wie folgt variieren:

- Verändern Sie die Reihenfolge, je länger das Ausbringen des Napfes her ist, umso schwieriger wird es für den Hund, sich zu erinnern.
- Verändern Sie die Entfernung, den Winkel, die Geländeschwierigkeiten.
- Sie können den Hund auch nach dem Ausbringen der Näpfe von seinem ursprünglichen Sitzplatz, an dem er das Ausbringen beobachtet hat, seitlich wegrufen, sodass Sie ihn dann von einem anderen Platz und somit in einem anderen Winkel auf die Näpfe schicken können.
- Sie können, wenn der Hund die Übung schon gut beherrscht, auch ein „Blind" versuchen. Arbeiten Sie erst in gewohnter Weise beide Näpfe. Ein Helfer sollte dann, während der Hund zu Ihnen zurückläuft, in den zuletzt gearbeiteten Futternapf einige Leckerchen legen. Schicken Sie nun den Hund wieder auf diesen Napf. Der Helfer kann unterstützen, indem er leicht den Napf mit den Fingern antippt. Oftmals reicht es bereits, wenn der Helfer einfach in der Nähe des Napfes steht.

ABSICHERUNG

Sichern Sie den Napf, zu dem der Hund nicht gehen soll, mit einem Helfer, der ruhig und gelassen den Napf wegnimmt, wenn der Hund falsch läuft. Geht Ihr Hund in die falsche Richtung, dann maßregeln Sie ihn mit „Nein", rufen ihn zurück, gehen einige Meter mit ihm in Richtung des richtigen Napfes, damit er sich auf die Richtung einstellen kann und schicken ihn erneut. Als Hilfe kann auch ein zweiter Helfer mal kurz mit den Fingern an den Napf fassen.

Memory Mark

DEFINITION

Marking

Ein sichtig geworfenes Dummy, dessen Flugbahn der Hund ganz oder teilweise verfolgen kann.

Memory Mark

Ein Marking, das entweder zeitverzögert gearbeitet wird, oder bei dem man seinen Standort verändert und den Hund von einem anderen Platz als den, von dem aus er die Markierung beobachtet hat, losschickt.

Unzählige Markings (= Markierungen) sind der schnellste Weg, jegliche Standruhe zunichtezumachen. Werfen Sie stattdessen lieber ein Dummy vor den Hund und gehen mit ihm dann bei Fuß (anfänglich an der Leine, um jegliche Fehlermöglichkeit auszuschließen) in die entgegengesetzte Richtung davon. Zu Beginn reichen einige wenige Meter. Drehen Sie sich dann um, lassen den Hund sitzen, leinen ihn dann ab, warten einige Sekunden und schicken ihn mit der zum Dummy weisenden Hand und einem „Voran" auf das Dummy zurück. Auf diese Weise bekommt er einen Retrieve als Belohnung für die Fußarbeit, gleichzeitig lernt er sich zu gedulden und ruhig zu warten, bis er geschickt wird.

Übungsvarianten

Mit zunehmender Übung kann die Entfernung vergrößert und auch das Gelände schwieriger gewählt werden. Sie können auch einige Unterordnungselemente einbauen, bevor Sie Ihren Hund schicken. Bauen Sie nun auch gezielt Geländeübergänge ein. Vorsicht: Wasserarbeit erhöht den Druck zu winseln, deshalb sollten Sie nur am Wasser trainieren, wenn der Hund während der Arbeit an Land ruhig und gelassen ist.

Seien Sie unvorhersehbar

Ganz wichtig ist, dass man nicht in eine Trainingsroutine verfällt. Verändern Sie regelmäßig Ihre Trainingsabläufe. Lassen Sie Ihren jungen Hund stets im Ungewissen darüber, was als Nächstes passieren wird. Gerade eine übersteigerte Erwartungshaltung ist die Hauptursache der Unruhe. Je länger Sie Ihren Hund im Ungewissen lassen, was als Nächstes passieren wird, umso besser ist es für ihn.

Der Junghund muss lernen, ruhig gelassen aber aufmerksam neben seinem Hundeführer zu sitzen, bis er geschickt wird.

Steadyness

Junge Hunde müssen Standruhe mit anderen Hunden schrittweise lernen. Erst sollte man mit wenig, dann mit immer zunehmender Ablenkung trainieren. Letztendlich müssen sie stundenlang ruhig sitzen bleiben und warten können. Als Erstes sollten junge Hunde lernen zu warten, bevor sie aus dem Auto springen, bevor sie aus der Haustüre laufen dürfen oder bevor sie an den Futternapf dürfen. Das alles hat Ihr Welpe schon in den vergangenen Wochen gelernt. Nun muss er lernen zu akzeptieren, dass andere Hunde arbeiten dürfen und er nicht. Er muss lernen, ruhig in der „Line“ zu sitzen, während die anderen Hunde apportieren dürfen.

Weniger ist mehr

Langweilen Sie Ihren Hund lieber „zu Tode"! Hochtalentierte Hunde sind in der Regel zu übereifrig. Haben Sie keine Angst davor, dass Ihr Hund langsamer arbeitet, wenn er jetzt desinteressiert dasitzt. Wenn Ihr Nachwuchs aus Arbeitslinien eine solche Ruhe zeigt, kann ich Sie nur beglückwünschen. Nach meiner Erfahrung sind stille, standruhige Hunde zudem die besten Jagdgefährten, da sie weniger hektisch arbeiten, ihre Nasen besser nutzen und deshalb Wild seltener überlaufen. Ich nehme meine jungen Hunde in diesem Alter auch zum Training mit, doch sie lernen erst einmal das Warten. Während andere Hunde apportieren dürfen, müssen sie still sitzen und warten – dies ist unser vorrangigstes Trainingsziel. Erst wenn Ihr Hund völlig abschalten kann, darf auch er einmal etwas tun. Aber Vorsicht! Überspannen Sie den Bogen nicht, beobachten Sie ihn genau. Zeigt er deutliche Übersprungshandlungen (gähnen, kratzen, Gras fressen, Körperpflege), bringen Sie ihn lieber ins Auto zurück, bevor es ihm zu viel wird, seine Nerven es nicht mehr mitmachen und er zu winseln beginnt.

TIPP

Belohnungsdummy
Werfen Sie nach einem erfolgreichen Training keinesfalls als Belohnung ein Dummy (sogenanntes Happydummy). Legen Sie besser ein Dummy auf den Boden, entfernen Sie sich mit dem Hund, drehen sich wieder um, warten einen Moment und schicken ihn dann zurück auf das Dummy. Ihr Hund hat den gleichen Spaß dabei, aber nur minimale Aufregung.

Üben Sie gezielt das Festhalten. Streicheln Sie Ihren Hund an der Brust und über den Fang, bevor Sie bewusst an das Dummy fassen. Nehmen Sie es dann mit dem Signal „Aus“ aus dem Fang.

Training in der Gruppe

Gestaltet man das Training planvoll und vorsichtig, kann man auch schon gezielt mit sehr wenigen Hunden (max. vier) in der Gruppe zusammen trainieren. Anfänglich arbeitet ein Hund immer alleine, während die anderen in angemessener Entfernung warten. Das ruhige Warten, während ein anderer Hund arbeitet, ist für diese Hunde schon schwer genug.

Klappt das Warten gut, dann können Sie beginnen, mit einem zweiten Hund gemeinsam zu trainieren. Grundprinzip ist, dass Dummies ausgelegt/ausgeworfen werden, aber der Hund niemals direkt auf das für ihn ausgelegte/ausgeworfene Dummy sofort geschickt wird (Sie können auch hier alternativ mit Futternäpfen arbeiten). Es passiert immer noch etwas dazwischen. Entweder wird noch ein Dummy für den anderen Hund ausgelegt oder der andere Hund arbeitet zuerst. Die Hunde sollen hauptsächlich lernen, sich zu gedulden und zu akzeptieren, dass auch andere Hunde zuerst arbeiten.

Grundaufbau

Für das Teamtraining bevorzuge ich folgenden Trainingsaufbau, der nach Trainingsstand beliebig variiert und erweitert werden kann: Es arbeiten zwei Hunde im Team, die anderen warten in angemessener Entfernung. Beide Gespanne stehen nebeneinander, die Hunde sitzen. Hundeführer 1 geht mit einem Dummy los und legt es einige Meter (Entfernung vom Ausbildungsstand abhängig) ab, dann geht er wieder zum wartenden Hund zurück. Das Dummy sollte möglichst an einen Punkt ausgelegt werden, den der Hund sich gut merken kann (anfänglich an eine Geländeauffälligkeit – Baum, Busch, Zaunpfahl, Schild etc.). Die Gespanne drehen sich um 180°, Hundeführer 2 geht los und

legt ein Dummy ab. Die Gespanne drehen sich wieder um, der Führer von Gespann 1 schickt seinen Hund mit „Voran" auf das von ihm ausgelegte Dummy. Sobald der Hund zurück ist, drehen sich die Gespanne wieder um 180°, der Hund von Gespann 2 wird geschickt.
Diese Grundübung variiere ich wie folgt. Ihrer Fantasie sind keine Grenzen gesetzt.

- Erhöhung der Geländeschwierigkeiten, Einbeziehung von Geländeübergängen.
- Veränderung der Entfernung.
- Hundeführer von Gespann 1 legt für den Hund von Gespann 2 aus und umgekehrt.
- Aus dem ausgelegten Dummy wird eine Markierung bzw. ein Memory Mark.
- Veränderung des Winkels; mit zunehmender Sicherheit wird der Winkel kleiner.
- Nach einigen Übungen und Wiederholungen kann an Stelle des Memorys auch schon mal ein Blind (ein Dummy, dessen Auslegen der Hund nicht beobachtet hat) liegen. Wichtig dabei ist nur, dass Sie die Dummies immer auf exakt dieselbe Stelle legen.

Verringern Sie die Entfernung, sobald Sie andere Anforderungen steigern. Erst, wenn die gesteigerten Anforderungen in geringer Entfernung gelingen, sollten Sie wieder die Entfernung steigern.

WICHTIG

Körpersprache
Bewegen Sie sich beim Training ruhig und langsam. Vermeiden Sie, Ihren Hund durch hektische Körpersprache und eine aufgeregte Stimme aufzuputschen. Hunde beobachten uns genau, sind wir aufgeregt, dann sind sie es auch; sind wir die Ruhe selbst und führen sie mit Ruhe und Gelassenheit, dann arbeiten sie ebenso.

TRAININGSTIPPS

- Wenn ein Hund unruhig ist, darf er nicht arbeiten, nur Ruhe wird mit Arbeit belohnt.
- Dummies anfänglich durch Helfer absichern, damit der Hund nicht in falscher Richtung zum Erfolg kommt.
- Die Helfer können dem Hund auch mit einem Geräusch „Brrrr" helfen, wenn er nach dem Drehen nicht mehr genau weiß, wo er hin soll. Die Helfer sollten deshalb als Orientierungshilfe für den Hund in der Verlängerung Hund – Dummy stehen, sodass der Hund, wenn er auf den Helfer zuläuft, über das Dummy laufen muss.
- Lassen Sie den Hund bei dieser Übung besser an der Leine, dann können Sie ihn schnell und direkt ohne Aufwand beim Drehen korrigieren und ihn in die exakte Sitzposition (parallel zum Hundeführer, Schulter des Hundes am Knie des Menschen) bringen.
- Haben Sie das Gefühl, Ihr Hund hat sich nach dem Drehen nicht auf die neue Richtung eingestellt, in die er nun arbeiten soll, dann nehmen Sie ihn bei Fuß und gehen ein bis zwei Meter auf das zu arbeitende Dummy zu. Somit machen Sie ihm eindeutig klar, in welche Richtung er nun arbeiten soll.

Service

Nützliche Adressen

Deutscher Retriever Club (DRC)
Geschäftsstelle
Margitta Becker-Tiggemann
Dörnhagener Straße 13
D – 34302 Guxhagen
Tel: 05665-2774
Fax: 05665-1718
Office@drc.de
www.drc.de

Golden Retriever Club (GRC)
Geschäftsstelle
Helga Rüter
Franz-Poppe-Str. 2
D – 26655 Westerstede
Tel.: 04488-983868
Fax: 04488-7643824
geschaeftsstelle@grc.de
www.grc.de

Labrador Retriever Club (LCD)
Geschäftsstelle
Markenweg 2
D – 48653 Loesfeld
Tel: 02541-9260974
Fax: 02541-9260975
lcd-geschaeftsstelle@labrador.de
www.labrador.de

Österreichischer Retriever Club (ÖRC)
Geschäftsstelle
Ortrun König
Zeitlingerberg 11
A – 4320 Perg
Tel: ++43(0)699-14191900
office@retrieverclub.at
www.retrieverclub.at

Retriever Club der Schweiz (RCS)
Mitgliederdienst
Fredi Flügel
Höhenstr. 23
CH – 3652 Hilterfingen
Tel: ++41(0)33 243 2925
mitglieder@retriever.ch
www.retriever.ch

FIT4DOGS
Norma Zvolsky
www.fit4dogs.de

Fédération Cynologique Internationale (FCI)
Place Albert 1er, 13
B – 6530 Thuin
Tel.: ++32 71 59 12 38
Fax: ++32 71 59 22 29
info@fci.be
www.fci.be

Verband für das Deutsche Hundewesen (VDH)
Westfalendamm 174
D – 44141 Dortmund
Tel.: 0231-56 50 00
Fax: 0231-59 24 40
info@vdh.de
www.vdh.de

Österreichischer Kynologenverband (ÖKV)
Siegfried-Marcus-Str. 7
A – 2362 Biedermannsdorf
Tel.: ++43 (0) 22 36 710 667
Fax: ++43 (0) 22 36 710 667 30
office@oekv.at
www.oekv.at

Schweizerische Kynologische Gesellschaft (SKG)
Länggassstr. 8
CH – 3012 Bern
Tel.: ++41(0)31 306 62 62
Fax: ++41(0)31 306 62 60
skg@hundeweb.org
www.hundeweb.org

Zum Weiterlesen

Antonisse-Zijda, Tineke: **Die drei Apporte.** Eigenverlag 2004

Baumann, Thomas: **... damit wir uns verstehen.** Baumann-Mühle Verlag 2003

Baumann, Thomas: **Was Hündchen nicht lernt ...** Baumann-Mühle Verlag 2003

Becker-Tiggemann, Margitta & Veronika Hofterheide: **Golden Retriever.** Kosmos 2000

Bloch, Günther: **Der Wolf im Hundepelz.** KOSMOS 2004

Bloch, Günther: **Die Pizza-Hunde.** Kosmos 2007

Bogaerts, Anke: **Die drei Charaktere.** Eigenverlag 2006

Exelmans, File: **Ein Hund ist ein Hund, ... ist ein Hund.** Euregio Gundogs 2006

Fichtlmeier, Anton: **Der Hund an der Leine.** KOSMOS 2007

Fichtlmeier, Anton: **Grunderziehung für Welpen.** Kosmos 2005

Lübbe, Perdita und Frauke Loup: **Unser Welpe.** Kosmos 2006

Ommerli, Verena: **Dummy-Arbeit mit Retrievern.** Müller Rüschlikon 2007

Pietralla, Martin & Barbara Schöning: **Clickertraining für Welpen.** Kosmos 2002

Rauth-Widmann, Brigitte: Labrador Retriever. KOSMOS 2000

Rugaas, Turid: **Calming Signals.** Animal learn 2001

Theby, Viviane: **Das KOSMOS-Welpenbuch.** Kosmos 2004

Trumler, Eberhard: **Hunde ernst genommen.** Piper 2002

Trumler, Eberhard: **Mit dem Hund auf du.** Piper 2002

Trumler, Eberhard: **Trumlers Ratgeber für den Hundefreund.** Piper 2003

Zimen, Erik: **Der Hund.** Goldmann 1992

Zimen, Erik: **Der Wolf.** Kosmos 2003

Danke

Danken möchte ich den fleißigen Lesern, denn eure Kritik und die vielen daraus resultierenden Diskussionen haben aus den vorliegenden Kapiteln das gemacht, was sie nun sind. Danke für eure Hilfe und euren Einsatz. Danke auch an Frau Dr. med. vet. Susanne Wisniewski (Kleintierklinik Iffezheim) für den Beitrag über die Ernährung des Welpen.

Mein ganz besonderer Dank gilt den Fotografen Stefanie Krause-Wieczorek und Axel Gerke. Völlig unbürokratisch, ausgesprochen flexibel und überaus professionell haben diese beiden kurzfristig Fototermine einrichten können. Durch ihre Flexibilität konnte der geplante Erscheinungstermin des Buches eingehalten werden. Vielen Dank für eure schnelle Hilfe.

Auch einen Dank für die Hilfe und den Einsatz an Anette Heck. Verschobene Fototermine bedeuten auch keine Welpen im richtigen Alter – nun mussten kurzfristig Welpen im jeweils entsprechenden Alter gefunden werden. Anette hatte hier tatkräftig und entscheidend die Fäden in der Hand. Vielen, vielen Dank dafür.

Danke an Diana Lambertz (Zwinger Windworkers), deren Wurf für das Buch fotografiert werden konnte. Danke für deine Geduld und deine Bereitschaft.

Und zu guter Letzt möchte ich meinen Dank noch an den Kosmos-Verlag und hier ganz besonders an meine Lektorin Frau Hilke Heinemann aussprechen. Auch dieses Mal hat mir die Zusammenarbeit viel Spaß gemacht. Gerne erinnere ich mich an die Zeit der Buchentstehung zurück. Vielen-Dank für Ihren Einsatz und Ihre Geduld.

Norma Zvolsky

Lexikon der Fachbegriffe

Akustische Signale Einwirkungen auf den Hund über Rufzeichen oder Pfeifensignale. Mit diesen Signalen kann der Hundeführer den Hund lenken (siehe auch „Führigkeit").

Apportieren Der Hund bringt das Dummy oder das Stück Wild zum Hundeführer, er apportiert.

Arbeitslinie Hunde, die speziell für den Jagdeinsatz gezüchtet wurden. Die Züchter legen ein sehr großes Augenmerk auf die Arbeitsleistung der Hunde.

Blind Ein Dummy oder Stück Wild, das nicht sichtig für den Hund gefallen ist. Er konnte die Flugbahn nicht verfolgen (vgl. unseen retrieve).

Blinken Der Hund apportiert ein wahrgenommenes Dummy oder Stück Wild nicht, sondern lässt es liegen und sucht weiter.

Delivery Beim „Delivery" (= Abgabe) steht oder sitzt der Hund mit erhobenem Kopf vor dem Hundeführer und bietet ihm das Dummy oder das Wild so an, dass er es ihm in aller Ruhe abnehmen kann.

Drive (= Tatkraft, Schwung, Elan) ist die Kombination von Finderwillen, Entschlossenheit und Eifer des Hundes.

Dual Purpose (= für beide Zwecke). Ein Hund, der sowohl bei der Arbeit als auch auf Ausstellungen erfolgreich ist.

Dummy (= Attrappe). Leinensäckchen, das zum Apportieren anstelle von Wild verwendet wird. Standardmäßig wiegt es 500 g und ist schwimmfähig.

Dummyarbeit Sie entstand ursprünglich in England. Mit Dummies kann man jagdliche Situationen nachempfinden und dem Hund jagdnahe Aufgaben stellen.

Einspringen Wenn der Hund ohne Aufforderung losläuft, um zu apportieren

Einweisen Der Hundeführer lenkt seinen Hund mit Hilfe von Stimme, Pfiffen und Handzeichen. Der Hund soll ein Dummy oder Wild holen, dessen Fall er nicht gesehen hat, ein sogenanntes „Blind" oder „Unseen Retrieve".

F.C.I. Die Fédération Cynologique International (FCI) wurde im Jahr 1911 als internationale Dachorganisation gegründet. Ziel dieses Verbandes ist es, die Hundezucht grenzüberschreitend zu koordinieren. Der Hauptsitz der F.C.I. ist in Belgien.

Federwild Fasan, Ente, Taube etc.

Field Trial (F.T.) Eine Prüfung, die während einer Niederwildjagd auf warmes Wild abgehalten wird. In England werden die Hunde an Field Trials immer ohne Leine vorgestellt und geprüft.

Field Trial Linie „Arbeitslinie"

Fiepen Der Hund winselt. Siehe auch „unsteadiness".

Freie Verlorensuche Eine freie Verlorensuche (= Hi Lost) ist eine selbstständige Suche des Hundes in einem bestimmten Bereich.

Führigkeit Die Art und Weise, wie der Hund mit seinem Hundeführer zusammenarbeitet und dessen Hilfen (akustische und optische) annimmt und befolgt.

Haarwild Hase, Kaninchen

Handler engl. = Hundeführer

Handling Die Führung des Hundes (vgl. Handler).

Handzeichen siehe „optische Signale".

Hard Mouth (= hartes Maul). Siehe auch „Hartes Maul" und „Knautschen".

Hartes Maul Der Hund bringt das Dummy oder das Wild nicht unversehrt zu seinem Führer .

J.G.H.V. Der Jagdgebrauchshundeverband (J.G.H.V.), gegründet 1899, versteht sich als Dach- und Spitzenorganisation für das gesamte Jagdgebrauchshundwesen in Deutschland. Sein Ziel ist es, unter seinem Dach alle Vereine fest zusammenzuschließen, die durch Prüfung, Zucht und belehrende Tätigkeit für die Beschaffung brauchbarer Jagdhunde sorgen und damit dem waidgerechten Jagen dienen wollen. Der J.G.H.V. selbst ist Mitglied beim V.D.H. und der F.C.I.

Kaltes Wild Niederwild, das bereits vor längerer Zeit geschossen wurde und bereits ausgekühlt ist oder schon eingefroren war.

Knautschen Der Hund knautscht hochgradig, wenn er das Dummy oder das Wild nicht unversehrt zu seinem Führer bringt. Man sieht deutliche Zahnabdrücke und findet Löcher im Stoff des Dummies bzw. die Haut des Wildes ist durchgebissen und/oder Rippen des Stückes sind gebrochen. Der Hund hat somit ein hartes Maul (hard mouth) (Ausscheidungsfehler).

Markieren Das Beobachten der Flugbahn eines oder mehrerer sichtig geworfener Dummies sowie das Merken der Fallstelle.

Markierung Ein sichtig geworfenes Dummy, dessen Flugbahn der Hund ganz oder teilweise beobachten kann (engl. = marking).

Memory Mark Eine Markierung, die entweder zeitverzögert gearbeitet wird oder bei der man seinen Standort wechselt und den Hund von einem anderen Punkt losschickt als dem, an dem der Hund die Markierung beobachtet hat.

Moxon Leine Halsband und Leine sind in einem Stück gearbeitet.

Natural Hunting Ability engl. = natürliche Veranlagung Wild zu finden

Niederwildjagd Eine reale Jagd z. B. auf Hase, Kaninchen, Fasan, Ente, Taube.

Optische Signale Handzeichen des Hundeführers, mit denen er sich mit dem Hund auch über weite Distanzen verständigt, um ihn zu lenken.

Pick Up (= Aufnahme). Hier soll der Hund das Stück Wild oder das Dummy schnell und korrekt mit weichem Maul aufnehmen.

Picking Up (= aufsammeln). Einsammeln von Wild auf einer Niederwildjagd

Schleppe Eine künstlich angelegte Fährte. Man versucht damit die Fluchtfährte eines angeschossenen Stück Niederwildes (Runner) zu simulieren.

Showlinie Hunde, die für die Show (engl. = Ausstellung) gezüchtet wurden.

Single Mark (= Einzelmarkierung). Ein Dummy oder ein Stück Wild wird für den Hund sichtig geworfen. Siehe „Markierung".

Soft Mouth (= weiches Maul). Das Wild oder das Dummy wird locker ins Maul genommen und bleibt somit unversehrt.

Steadiness Der Hund soll ruhig (steady) auf seinem Platz neben seinem Hundeführer bleiben. Er darf nur den Kopf bewegen, um besser markieren zu können.

Style (= Stil). Style drückt sich darin aus, wie der Hund das Gelände annimmt und absucht, und wie er seine Nase einsetzt.

Tail Action (= Rutenaktion, Schwanzwedeln). Sie drückt in einem hohen Maße den „style" des Hundes aus.

Tauschen Der Hund lässt ein gefundenes Stück fallen, um ein anderes Stück Wild oder Dummy aufzunehmen.

Unsteadiness Als „unsteady" bezeichnet man einen Hund, der beim Arbeiten oder beim Warten winselt, heult oder bellt, der einspringt oder so unruhig ist, dass er zu viel Aufmerksamkeit von seinem Führer benötigt. (Ausscheidungsfehler). Siehe auch „steadyness".

V.D.H. Der Verband für das Hundewesen in Deutschland (V.D.H.) betreut als Dachorganisation die deutschen Hundezuchtvereine. Er ist Mitglied der F.C.I.

Whining (= winseln). Der Hund winselt beim Arbeiten oder wenn er warten muss, er ist somit unsteady (Ausscheidungsfehler). Siehe "steadiness" und "unsteadiness".

Will to Please Ein Hund mit „Will to Please" (engl. = der Wille zum Gefallen) arbeitet mit seinem Hundeführer gern zusammen und bleibt mit ihm in Kontakt, ohne jedoch von ihm abhängig zu sein.

Working Test Für diesen Test gibt es in der Prüfungsordnung keine fest vorgegebenen Aufgaben. Die Aufgaben werden von den Richtern aufgrund der Besonderheiten des Geländes, unter Berücksichtigung von jagdlichen Erfordernissen bestimmt. Es werden Situationen aus der jagdlichen Praxis nachgestellt. Bei dieser Prüfung wird mit Dummies gearbeitet.

Register

Bildnachweis

Farbfotos von Axel Gerke (83: S. 1, 21, 22, 23, 25, 26, 27o, 50, 51, 55, 69, 77, 81u, 83u, 84, 90, 96, 97, 98, 99, 108o, 114o, 115, 116, 118, 119, 136, 137, 140, 141, 154, 160, 161, 162, 163, 172), Fam. Görlas (1: S. 7), Uwe Heiss (1: S. 9), Juniors Bildarchiv (1: S. 47), Stefanie Krause-Wieczorek (156: S. 10, 11, 12, 13, 15, 28, 29, 32, 33, 35, 39, 44, 45, 46, 47, 48, 52, 54, 56, 57, 58, 60, 61, 68, 70, 71, 72, 73, 74, 75, 78, 79, 83o, 88, 89, 91, 101, 104, 105, 108u, 109, 110, 112, 113, 120, 121, 125, 126, 127, 129, 131, 134, 135, 138, 139, 142, 143, 144, 145, 150, 151, 152, 153, 155, 156, 157, 164), Mareike Rohlf/Kosmos (78: S. 5, 6, 16, 18, 24, 27u, 31, 36, 38, 40, 41, 42, 43, 63, 64, 67, 76, 80, 81o, 82, 85, 86, 92, 93, 94, 95, 106, 107, 111, 114u, 122, 123, 132, 133, 146, 147, 158, 159, 165, 170, 171), Christof Salata/Kosmos (1: S. 37), Dieter Soons (1: S. 102).

Farbzeichnungen von Wolfgang Lang (2: S. 158), Schwarzweißzeichnungen von Mia Ejerstad-Conti (2: S. 148).

Impressum

Umschlag von eStudio Calamar unter Verwendung von zwei Farbfotos von Mareike Rohlf/Kosmos (Vorderseite) und Stefanie Krause-Wieczorek (Rückseite).

Mit 328 Farbfotos, zwei Farbzeichnungen und zwei Schwarzweißzeichnungen.

Unser gesamtes lieferbares Programm und viele weitere Informationen zu unseren Büchern, Spielen, Experimentierkästen, DVDs, Autoren und Aktivitäten finden Sie unter **www.kosmos.de**

Gedruckt auf chlorfrei gebleichtem Papier

ISBN 978-3-440-10633-4
Redaktion: Hilke Heinemann
Grundlayout: eStudio Calamar
Produktion: Eva Schmidt
Printed in Germany / Imprimé en Allemagne